Learn German with Vacation in Munich

German A2 Reader

Brian Smith

German Graded Readers

For more books and E-book options visit:

www.briansmith.de

1. Wohin reisen wir?

John und Joan sitzen an ihrem Küchentisch mit einem Laptop, Reiseführern und einer Tasse Kaffee. Sie planen ihren Urlaub.

John fragt: „Joan, wohin sollen wir dieses Jahr in den Urlaub fahren?"

Joan erwidert: „Ich habe gehört, München ist schön. Was denkst du darüber?"

John sagt: „München? Das klingt interessant. Lass uns im Internet nach Informationen suchen."

Sie suchen gemeinsam nach Informationen über München und finden Bilder vom Marienplatz, dem Englischen Garten und Neuschwanstein.

Joan bemerkt: „München sieht wirklich wunderschön aus. Wann ist die beste Zeit, um dorthin zu reisen?"

John findet auf einer Website: „Der Sommer ist ideal. Es gibt viele Festivals und das Wetter ist gut."

Joan stimmt zu: „Okay, lass uns im Sommer fahren. Jetzt müssen wir Flüge finden."

Sie schauen auf verschiedenen Reisewebsites nach Flugpreisen.

John stellt fest: „Es gibt viele Flüge, aber die Preise sind unterschiedlich. Welchen sollen wir nehmen?"

Joan schlägt vor: „Dieser Flug hier hat einen guten Preis und gute Flugzeiten. Was denkst du?"

John antwortet: „Ja, der sieht gut aus. Jetzt müssen wir ein Hotel buchen. Bevorzugen wir ein Hotel in der Stadtmitte oder etwas außerhalb?"

Joan entscheidet: „Ein Hotel in der Stadtmitte ist besser. Dann können wir überall zu Fuß hingehen."

Sie wählen ein schönes Hotel in der Nähe des Marienplatzes aus.

John sagt: „Jetzt, wo wir das Hotel haben, sollten wir unseren Reiseplan für München planen."

Joan fügt hinzu: „Ja, wir sollten eine Liste der Orte machen, die wir besuchen wollen."

Sie erstellen eine Liste mit Sehenswürdigkeiten wie dem Deutschen Museum, dem Viktualienmarkt und dem Olympiapark.

John merkt an: „Wir sollten auch ein paar grundlegende deutsche Phrasen lernen. Es wird hilfreich sein."

Joan stimmt zu: „Gute Idee. ‚Guten Tag' bedeutet ‚Guten Tag', ‚Danke' bedeutet ‚Danke' und ‚Wo ist die Toilette?' ist auch nützlich."

John überlegt: „Wir müssen auch unser Budget für die Reise festlegen. Wie viel wollen wir ausgeben?"

Joan schlägt vor: „Wir sollten ein Budget für Essen, Souvenirs und Eintrittskarten für Sehenswürdigkeiten planen."

John sagt: „Okay, ich werde die Flugtickets jetzt online buchen."

John bucht die Flugtickets und Joan bestätigt die Hotelreservierung.

Joan sagt: „Ich werde mit dem Packen beginnen. Wir brauchen unsere Pässe, Kleidung und natürlich unsere Kameras."

John ergänzt: „Wir sollten auch eine Reiseversicherung abschließen, nur für den Fall."

Joan äußert sich begeistert: „Ja, das ist eine gute Idee. Ich bin so aufgeregt, München zu sehen!"

John teilt ihre Aufregung: „Ich auch! Ich habe über die bayrische Kultur und Geschichte gelesen. Es wird faszinierend sein, alles persönlich zu sehen."

Sie verbringen den Rest des Abends damit, ihre Erwartungen zu besprechen und sich auf ihre bevorstehende Reise nach München zu freuen.

1. Besichtigung - sightseeing
2. Erwartungen - expectations
3. Festivals - festivals
4. Flugpreise - flight prices
5. Flugtickets - flight tickets
6. Reiseführer - travel guide
7. Reiseplan - travel plan
8. Reiseversicherung - travel insurance
9. Sehenswürdigkeiten - attractions
10. Souvenirs - souvenirs
11. Stadtmitte - city center
12. Urlaub - vacation
13. Wetter - weather
14. wunderschön - beautiful
15. Zeit - time

Die Geschichte Münchens: Eine Reise durch die Zeit

München, die Hauptstadt Bayerns, ist eine Stadt mit einer reichen und vielfältigen Geschichte. Von ihrer Gründung im Mittelalter bis hin zur modernen Metropole von heute hat München viele historische Ereignisse erlebt, die die Stadt geprägt haben.

Die Anfänge und das Mittelalter

Münchens Geschichte beginnt im 12. Jahrhundert. Die Stadt wurde erstmals 1158 erwähnt, als Heinrich der Löwe, Herzog von Bayern, eine Brücke über den Fluss Isar bauen ließ und den Markt in der Nähe verlegte. Dies gilt als die Geburtsstunde Münchens. Die Stadt entwickelte sich schnell zu einem wichtigen Handelszentrum.

Im Mittelalter erlebte München eine Blütezeit. 1255 wurde die Stadt die Residenz der Wittelsbacher, die über Bayern herrschten. In dieser Zeit wurden viele Kirchen und Klöster gebaut, darunter auch das berühmte Münchner Wahrzeichen, die Frauenkirche, deren Bau im 15. Jahrhundert begann.

Die Renaissance und das Zeitalter der Aufklärung

Während der Renaissance wurde München zu einem Zentrum der Kunst und Kultur. Herzog Albrecht V. sammelte Bücher und Kunstwerke, die heute noch in der Bayerischen Staatsbibliothek und den Pinakotheken zu sehen sind. Im 17. und 18. Jahrhundert erlebte die Stadt unter der Herrschaft von Max Emanuel und Karl Albrecht eine Phase intensiven Wachstums und kultureller Entwicklung.

Das 19. Jahrhundert und die Industrielle Revolution

Im 19. Jahrhundert wurde München zu einem wichtigen Zentrum der deutschen Romantik. Künstler und Schriftsteller wie Ludwig I. und Leo von Klenze beeinflussten die kulturelle Szene der Stadt. Mit der Industriellen Revolution veränderte sich das Stadtbild Münchens erneut. Es entstanden neue Fabriken, und die Bevölkerung wuchs rasant.

Das 20. Jahrhundert: Zwei Weltkriege und Wiederaufbau

Das 20. Jahrhundert war eine Zeit großer Herausforderungen für München. Die Stadt spielte eine zentrale Rolle während der beiden Weltkriege. Nach dem Ersten Weltkrieg wurde München kurzzeitig zur Hauptstadt der Räterepublik Bayern, einer sozialistischen Diktatur. Im Zweiten Weltkrieg erlitt die Stadt schwere Schäden durch Bombenangriffe. Nach dem Krieg wurde München wieder aufgebaut und entwickelte sich zu einer der führenden Wirtschafts- und Kulturmetropolen Deutschlands.

München heute

Heute ist München eine lebendige Stadt, die ihre historischen Wurzeln bewahrt hat, während sie gleichzeitig eine moderne und weltoffene Metropole ist. Die Stadt ist bekannt für ihre Architektur, ihre Kultur, das Oktoberfest und ihre Lebensqualität. München ist auch ein Zentrum für Bildung und Wissenschaft, mit renommierten Universitäten und Forschungseinrichtungen.

Die Geschichte Münchens ist eine Geschichte des Wachstums, der Veränderung und der Widerstandsfähigkeit. Von ihren bescheidenen Anfängen als mittelalterlicher Markt bis hin zur blühenden modernen Stadt, die sie heute ist, hat München eine einzigartige und faszinierende Geschichte, die Besucher aus aller Welt anzieht.

1. Aufklärung - Enlightenment
2. Blütezeit - Golden Age
3. Bombenangriffe - Bombing Raids
4. Brücke - Bridge
5. Fabriken - Factories
6. Frauenkirche - Cathedral of Our Dear Lady
7. Handelszentrum - Trading Center
8. Herrschaft - Rule
9. Industrielle Revolution - Industrial Revolution
10. Kulturmetropole - Cultural Metropolis
11. Lebensqualität - Quality of Life
12. Mittelalter - Middle Ages
13. Renaissance - Renaissance
14. Wachstums - Growth
15. Widerstandsfähigkeit - Resilience

2. Die Reise

Es ist früher Morgen. John und Joan haben ihre Wecker gestellt, um ihren Flug nicht zu verpassen.

Joan sagt: „John, wach auf! Wir müssen unseren Flug überprüfen und dann zum Flughafen."

John antwortet: „Okay, ich bin schon wach. Lass uns schnell fertig machen."

Sie überprüfen den Flugplan. Alles ist pünktlich. Sie nehmen ein Taxi zum Flughafen.

Der Taxifahrer fragt: „Guten Morgen! Zum Flughafen?"

John bestätigt: „Ja, bitte. Wir haben einen frühen Flug."

Am Flughafen angekommen, gehen sie zum Check-in-Schalter.

Der Flughafenmitarbeiter bittet: „Guten Morgen, Ihre Pässe bitte."

Joan reicht sie ihm: „Hier sind sie."

Nach dem Check-in gehen sie zur Sicherheitskontrolle.

Der Sicherheitsbeamte weist an: „Bitte legen Sie Ihre Taschen auf das Band und gehen Sie durch den Scanner."

John bedankt sich: „Okay, danke."

Joan fühlt sich ein wenig nervös bei der Passkontrolle.

Der Immigrationsbeamte fragt: „Zweck Ihres Besuchs?"

Joan antwortet: „Tourismus. Wir besuchen München."

Der Beamte wünscht: „Genießen Sie Ihren Aufenthalt."

Im Wartebereich des Abfluggates angekommen, wartet das Paar auf das Boarding.

Joan äußert ihre Aufregung: „Ich bin so aufgeregt. Unser erstes Mal in Deutschland!"

Das Boarding beginnt, und sie finden ihre Sitze im Flugzeug.

John freut sich: „Ich habe einen Fensterplatz. Perfekt für die Aussicht!“

Während des Fluges wird das Essen serviert.

Die Stewardess fragt: „Möchten Sie Huhn oder Pasta?“

John bestellt: „Ich nehme Huhn, bitte. Und Joan nimmt Pasta.“

Nach dem Essen versucht Joan, mit der Flugbegleiterin auf Deutsch zu sprechen.

Joan bittet: „Entschuldigung, können Sie mir bitte Wasser bringen?“

Die Stewardess reicht ihr das Wasser: „Natürlich, hier bitte.“

Das Flugzeug landet in München. Sie sind begeistert, in einer neuen Stadt zu sein.

John verkündet: „Wir sind in München!“

Nach der Landung gehen sie durch die Passkontrolle in München.

Der Passkontrollbeamte begrüßt sie: „Willkommen in München. Ihren Pass, bitte.“

Sie holen ihr Gepäck vom Gepäckband.

Joan findet ihren Koffer: „Da ist unser Koffer.“

Am Flughafen tauschen sie Geld um.

John schlägt vor: „Wir brauchen Euro. Lass uns hier Geld wechseln.“

Sie sind aufgeregt, in einem neuen Land zu sein.

Joan kann es kaum glauben: „Ich kann nicht glauben, dass wir wirklich hier sind!“

Sie machen ihre ersten Eindrücke vom Münchner Flughafen.

John bemerkt: „Dieser Flughafen ist so modern und sauber.“

Joan stimmt zu: „Ja, und die Leute hier scheinen sehr freundlich zu sein.“

Sie verlassen den Flughafen, bereit, ihre Abenteuer in München zu beginnen.

1. Abenteuer - Adventure
2. Aufenthalt - Stay
3. Aussicht - View
4. Band - Conveyor Belt
5. Eindrücke - Impressions
6. Flugbegleiterin - Flight Attendant
7. Flugplan - Flight Schedule
8. Flugzeug - Airplane
9. Gepäckband - Luggage Carousel
10. Immigrationsbeamter - Immigration Officer
11. Koffer - Suitcase
12. Passkontrolle - Passport Control
13. Schalter - Counter
14. Sicherheitskontrolle - Security Check
15. Wecker - Alarm Clock

Die Geschichte Bayerns: Ein Einblick in das Herz Süddeutschlands

Bayern, das größte Bundesland Deutschlands, hat eine reiche und vielfältige Geschichte, die bis in die Antike zurückreicht. Diese Geschichte ist geprägt von kultureller Vielfalt, politischen Umwälzungen und einem starken regionalen Bewusstsein.

Frühe Geschichte und das Herzogtum Bayern

Die ersten Siedlungen in Bayern wurden von den Kelten gegründet, bevor das Gebiet im 1. Jahrhundert n. Chr. Teil des Römischen Reiches wurde. Nach dem Fall des Römischen Reiches wurde die Region von verschiedenen germanischen Stämmen besiedelt.

Im 6. Jahrhundert entstand das Herzogtum Bayern, das mehrere Jahrhunderte bestehen sollte. Während dieser Zeit wurde Bayern christianisiert, und es entstanden die ersten Klöster, die als Zentren des Glaubens und der Bildung dienten.

Bayern unter den Wittelsbachern

Im 12. Jahrhundert kam die einflussreiche Familie der Wittelsbacher an die Macht, die Bayern bis zum Ende des Ersten Weltkriegs regieren sollte. Unter ihrer Herrschaft erlebte Bayern eine Zeit des Wachstums und der kulturellen Blüte. München wurde zur Hauptstadt des Herzogtums Bayern, und die Wittelsbacher förderten die Künste und Wissenschaften.

Das Königreich Bayern und die napoleonische Zeit

1806 wurde Bayern ein Königreich. König Maximilian I. Joseph führte wichtige Reformen durch und modernisierte den Staat. Während der napoleonischen Kriege war Bayern ein Verbündeter Napoleons, was zu territorialen Veränderungen und politischen Umwälzungen führte.

Bayern im 19. und 20. Jahrhundert

Im 19. Jahrhundert wurde Bayern zu einem Zentrum der deutschen und europäischen Politik. Die Industrialisierung brachte wirtschaftlichen Wandel, und München entwickelte sich zu einem wichtigen kulturellen Zentrum.

Nach dem Ersten Weltkrieg wurde Bayern Teil der Weimarer Republik. Die Zeit nach dem Krieg war geprägt von politischer Instabilität, und München wurde zum Schauplatz des gescheiterten Hitler-Putsches im Jahr 1923.

Während des Zweiten Weltkriegs erlitt Bayern schwere Zerstörungen, vor allem in den Städten. Nach dem Krieg war Bayern Teil der Amerikanischen Besatzungszone und wurde 1949 ein Bundesland der Bundesrepublik Deutschland.

Bayern in der Nachkriegszeit

In der Nachkriegszeit erlebte Bayern einen wirtschaftlichen Aufschwung und wurde zu einem der wohlhabendsten und fortschrittlichsten Bundesländer Deutschlands. Die Bewahrung der bayerischen Kultur und Traditionen spielt bis heute eine wichtige Rolle im öffentlichen Leben.

Fazit

Die Geschichte Bayerns ist eine Geschichte von Wandel und Kontinuität. Von den ersten keltischen Siedlungen über die Herrschaft der Wittelsbacher bis hin zum modernen Bundesland ist Bayern ein Spiegelbild der deutschen Geschichte. Seine kulturellen Traditionen, sein regionales Bewusstsein und seine wirtschaftliche Stärke machen Bayern zu einem einzigartigen und wichtigen Teil Deutschlands.

1. Antike - Antiquity
2. Besatzungszone - Occupation Zone
3. Bundesland - Federal State
4. Christianisiert - Christianized
5. Fortschrittlichsten - Most Advanced
6. Herzogtum - Duchy
7. Instabilität - Instability
8. Klöster - Monasteries
9. Königreich - Kingdom
10. Kulturelle Vielfalt - Cultural Diversity
11. Napoleonische Kriege - Napoleonic Wars
12. Politische Umwälzungen - Political Upheavals
13. Regionales Bewusstsein - Regional Consciousness
14. Siedlungen - Settlements
15. Wohlhabendsten - Wealthiest

3. Vom Flughafen zum Hotel

John und Joan stehen im Münchner Flughafen und suchen nach dem Weg zum Shuttle-Bus.

John fragt: „Wo ist der Shuttle-Bus zum Hotel? Wir sollten die Informationstafeln anschauen."

Joan erwidert: „Ja, schauen wir mal. Ah, dort sind die Busse. Wir müssen Bus Nummer 5 nehmen."

Sie steigen in den Shuttle-Bus ein und setzen sich ans Fenster.

Joan sagt begeistert: „Schau, John! Man kann die Stadt sehen. Sieht so schön aus."

John stimmt zu: „Ja, die Gebäude sind sehr alt und hübsch. Ich kann es kaum erwarten, alles zu erkunden."

Nach einer Weile erreichen sie das Hotel, das beeindruckend aussieht.

John bemerkt: „Das Hotel ist größer, als ich erwartet habe. Sieht sehr elegant aus."

Joan schlägt vor: „Lass uns einchecken. Ich hoffe, mein Deutsch ist gut genug."

An der Rezeption versucht Joan auf Deutsch zu sprechen.

Joan sagt: „Guten Tag. Wir haben eine Reservierung unter dem Namen Smith."

Das Hotelpersonal antwortet: „Guten Tag. Ja, ich sehe Ihre Reservierung. Bitte füllen Sie dieses Formular aus."

Sie füllen das Formular aus und erhalten ihre Zimmerschlüssel.

Das Hotelpersonal weist sie an: „Hier sind Ihre Schlüssel. Ihr Zimmer ist im dritten Stock."

Sie finden ihr Zimmer und schauen sich um.

John ist beeindruckt: „Das Zimmer ist sehr schön und groß. Und der Blick! Sieh dir den Blick an!"

Joan fügt hinzu: „Ja, und das Bett sieht sehr bequem aus. Lass uns auspacken."

Nachdem sie ausgepackt haben, frischen sie sich auf.

Joan sagt erleichtert: „Ich fühle mich jetzt viel besser. Eine Dusche nach einem langen Flug ist das Beste."

John stimmt zu: „Ja, ich auch. Lass uns ein bisschen im Zimmer entspannen."

Sie entspannen sich eine Weile im Zimmer.

John schlägt vor: „Sollen wir später das Hotel erkunden? Ich möchte wissen, ob es einen Pool oder ein Fitnessstudio gibt."

Joan ist einverstanden: „Gute Idee. Schauen wir mal, was es hier gibt."

Sie schauen auf einer Karte und in Broschüren, die im Hotelzimmer liegen.

Joan überlegt: „Es gibt viele Orte, die wir besuchen können. Was möchtest du heute Abend machen?"

John schlägt vor: „Vielleicht könnten wir in die Stadt gehen und etwas essen."

Joan stimmt zu: „Ja, lass uns das machen. Aber zuerst erkunden wir ein bisschen die Umgebung des Hotels."

Sie gehen hinaus, um die nahegelegenen Bereiche zu erkunden.

John bemerkt: „Sieh dir diese Straßen an! Sie sind so anders als zu Hause."

Joan sagt begeistert: „Ja, alles hier ist so neu und aufregend. Ich freue mich auf unsere Zeit in München."

Sie verbringen den Rest des Tages damit, die Gegend zu erkunden und Pläne für den nächsten Tag zu machen.

1. Aufregend - Exciting
2. Bereich - Area
3. Broschüren - Brochures

4. Einchecken - Check-in
5. Erkunden - Explore
6. Flughafen - Airport
7. Formular - Form
8. Frischmachen - Freshen Up
9. Informationstafeln - Information Boards
10. Rezeption - Reception
11. Schlüssel - Key
12. Shuttle-Bus - Shuttle Bus
13. Umgebung - Surroundings
14. Zimmerschlüssel - Room Key
15. Zimmer - Room

Die Wittelsbacher: Eine Dynastie prägt Bayern

Die Geschichte der Wittelsbacher, einer der ältesten Adelsfamilien Europas, ist eng mit der Geschichte Bayerns und der deutschen Geschichte verbunden. Über Jahrhunderte hinweg prägten sie als Herrscher die politische, kulturelle und soziale Landschaft Bayerns und hinterließen ein reiches Erbe.

Ursprünge und Aufstieg der Wittelsbacher

Die Dynastie der Wittelsbacher beginnt mit der Ernennung von Graf Otto von Wittelsbach zum Herzog von Bayern im Jahr 1180. Dies markierte den Beginn einer Herrschaft, die über sieben Jahrhunderte andauern sollte. Die Wittelsbacher expandierten ihre Macht durch geschickte Heiratspolitik und diplomatische Bündnisse und wurden so zu einer der mächtigsten Familien im Heiligen Römischen Reich.

Blütezeit unter den Wittelsbachern

Die Wittelsbacher waren bedeutende Förderer der Künste und Wissenschaften. Sie bauten prachtvolle Schlösser und Residenzen und zogen Künstler, Musiker und Gelehrte an ihre Höfe. Unter ihrer Herrschaft blühte das kulturelle Leben in Bayern auf.

Ein herausragender Vertreter dieser Dynastie war Ludwig I., der als großer Kunstliebhaber bekannt war. Er war verantwortlich für den Bau zahlreicher monumentaler Gebäude in München, darunter die Ludwigstraße, die Glyptothek und die Alte Pinakothek. Seine Leidenschaft für die Kunst prägte das Stadtbild Münchens nachhaltig.

Die Wittelsbacher und die deutsche Geschichte

Die Wittelsbacher spielten auch eine bedeutende Rolle in der deutschen Geschichte. Sie waren Könige von Bayern, Pfalzgrafen bei Rhein und Herzöge in anderen Teilen des Reiches. Mit der Heirat von Ludwig I. Enkelin, Elisabeth, besser bekannt als Sisi, mit Kaiser Franz Joseph I., waren die Wittelsbacher sogar indirekt mit dem österreichischen Kaiserhaus verbunden.

Das Ende der Wittelsbacher-Herrschaft

Die Herrschaft der Wittelsbacher endete mit dem Ausbruch des Ersten Weltkriegs und dem Zusammenbruch der Monarchien in Deutschland. König Ludwig III. war der letzte Wittelsbacher auf dem bayerischen Thron. Nach dem Krieg wurde Bayern zu einem Freistaat innerhalb der Weimarer Republik, und die Ära der Wittelsbacher als Herrscher ging zu Ende.

Das Erbe der Wittelsbacher

Trotz des Endes ihrer Herrschaft bleibt das Erbe der Wittelsbacher in Bayern bis heute sichtbar. Ihre Schlösser und Sammlungen sind wichtige Touristenattraktionen und Zeugen ihrer einstigen Macht und ihres kulturellen Einflusses. Die Wittelsbacher trugen maßgeblich dazu bei, Bayern zu einem Zentrum der Kunst und Kultur in Europa zu machen.

Fazit

Die Geschichte der Wittelsbacher ist ein faszinierendes Kapitel in der deutschen und bayerischen Geschichte. Ihre jahrhundertelange Herrschaft prägte das Land kulturell, politisch und sozial. Die Schlösser und Kunstwerke, die sie hinterließen, sind heute lebendige Zeugnisse ihres Erbes und tragen dazu bei, dass die Geschichte der Wittelsbacher weiterlebt.

1. Adelsfamilien - Noble Families
2. Bündnisse - Alliances
3. Ernennung - Appointment
4. Förderer - Patrons
5. Freistaat - Free State
6. Gelehrte - Scholars
7. Heiratspolitik - Marriage Policy
8. Herrschaft - Reign
9. Kaiserhaus - Imperial House
10. Kunstliebhaber - Art Lover
11. Pfalzgrafen - Palatine Counts
12. Residenzen - Residences
13. Schlösser - Castles
14. Stadtbild - Cityscape
15. Thron - Throne

4. Besuch des Marienplatzes

John und Joan begannen ihren Tag in München voller Aufregung. Nach einem herzhaften Frühstück im Hotel machten sie sich auf den Weg zur U-Bahn-Station. Sie waren fasziniert von der Effizienz und Sauberkeit des Münchner U-Bahn-Systems. „Sieh mal, hier steht, wir müssen die U3 nehmen, um zum Marienplatz zu kommen," bemerkte Joan, während sie auf den Fahrplan zeigte. John nickte zustimmend und sie stiegen in die nächste Bahn.

Als sie den Marienplatz erreichten, wurden sie sofort vom majestätischen Anblick des Neuen Rathauses überwältigt. Sie konnten ihre Augen kaum von der beeindruckenden Fassade abwenden. Pünktlich zum Glockenspiel um 11 Uhr positionierten sie sich für eine gute Sicht. Die beweglichen Figuren und die Melodien des Glockenspiels zogen sie in ihren Bann.

Später schlenderten sie durch die Gassen zum Viktualienmarkt, einem bunten und lebhaften Ort. John war beeindruckt von der Vielfalt an frischen Produkten und lokalen Delikatessen. Sie entschieden sich, einige bayerische Spezialitäten zu probieren. „Das schmeckt ausgezeichnet!", sagte Joan, während sie in eine knusprige Brezel biss. John probierte ein Stück Weißwurst und nickte begeistert.

Ihr nächster Halt war die St. Peterskirche. Sie bestaunten die innere Schönheit der Kirche und Joan zündete eine Kerze an. Sie genossen die Ruhe und fühlten sich von der spirituellen Atmosphäre berührt.

Auf der Suche nach Souvenirs fanden sie einen kleinen Laden mit handgemachten bayerischen Waren. Joan wählte einige Postkarten und ein handgefertigtes Schmuckstück aus, während John sich für ein Modell des Neuen Rathauses entschied.

Sie machten eine Pause in einem gemütlichen Café am Platz. Während sie ihren Kaffee genossen, beobachteten sie das geschäftige Treiben um sie herum. John schlug vor, mehr über die Geschichte Münchens zu erfahren, also besuchten sie das nahegelegene Stadtmuseum.

Nach dem Museumsbesuch nutzten sie die Gelegenheit, die Architektur des Marienplatzes zu fotografieren. Jedes Gebäude schien eine eigene Geschichte zu erzählen.

Als nächstes stand das Spielzeugmuseum auf dem Programm. Die Sammlung historischer Spielzeuge faszinierte sie und weckte Kindheitserinnerungen.

Der Tag neigte sich dem Ende zu, als sie durch die alten Straßen rund um den Marienplatz schlenderten. Sie stießen auf eine Straßenaufführung, bei der ein Jongleur und ein Musiker das Publikum begeisterten. John und Joan gesellten sich zu den Zuschauern und klatschten begeistert Beifall.

Da es Winter war, beschlossen sie, den Tag mit einem Becher heißen Glühwein abzurunden. „Das wärmt schön von innen", sagte Joan lächelnd, während sie den dampfenden Becher in ihren Händen hielt.

Schließlich machten sie sich auf den Rückweg zum Hotel. Sie waren müde, aber glücklich und erfüllt von den Eindrücken und Erlebnissen ihres ersten Tages in München.

1. Beifall - Applause
2. Delikatessen - Delicacies
3. Effizienz - Efficiency
4. Fahrplan - Timetable
5. Fassade - Facade
6. Glockenspiel - Carillon
7. Glühwein - Mulled Wine
8. Handgemacht - Handmade
9. Jongleur - Juggler
10. Kerze - Candle
11. Postkarten – Postcards
12. Schlendern - stroll
13. Schmuckstück - Jewelry
14. Spielzeugmuseum - Toy Museum
15. U-Bahn-Station - Subway Station

Marienplatz: Das Herz Münchens

Marienplatz, der zentrale Platz in München, ist seit Jahrhunderten das Herzstück der Stadt. Dieser historische Platz, der im Mittelalter als Marktplatz diente, ist heute ein beliebter Treffpunkt für Einheimische und Touristen gleichermaßen.

Die Geschichte des Marienplatzes

Die Geschichte des Marienplatzes reicht bis ins Jahr 1158 zurück, als München gegründet wurde. Der Platz war ursprünglich als Markt bekannt und wurde später nach der Mariensäule, die im Jahr 1638 errichtet wurde, in Marienplatz umbenannt. Die Säule, gekrönt mit einer goldenen Statue der Jungfrau Maria, wurde als Zeichen des Dankes für die Rettung Münchens während des Dreißigjährigen Krieges aufgestellt.

Architektonische Highlights

Eines der architektonischen Highlights am Marienplatz ist das Neue Rathaus, ein beeindruckendes Gebäude im neugotischen Stil, das Ende des 19. Jahrhunderts erbaut wurde. Die Fassade des Neuen Rathauses ist reich verziert und beherbergt das berühmte Glockenspiel, das jeden Tag um 11 Uhr, 12 Uhr und 17 Uhr spielt und zahlreiche Zuschauer anzieht.

Gegenüber dem Neuen Rathaus befindet sich das Alte Rathaus, das ursprünglich im 15. Jahrhundert erbaut und im Zweiten Weltkrieg stark beschädigt wurde. Es wurde in den 1950er Jahren im ursprünglichen Stil wieder aufgebaut.

Ein Treffpunkt für alle

Heute ist der Marienplatz ein pulsierender Treffpunkt in München. Umgeben von Geschäften, Cafés und Restaurants, ist er der perfekte Ort, um das Leben in München zu beobachten. Hier finden das ganze Jahr über verschiedene Veranstaltungen statt, darunter der berühmte Christkindlmarkt im Winter.

Nahverkehrsknotenpunkt

Der Marienplatz ist auch ein zentraler Verkehrsknotenpunkt in München. Die U-Bahn-Station Marienplatz verbindet mehrere

Linien und macht den Platz leicht zugänglich. Die Station ist zudem für ihre moderne Architektur bekannt und gilt als eine der schönsten U-Bahn-Stationen in München.

Ein Ort der Entspannung

Trotz seiner belebten Atmosphäre ist der Marienplatz auch ein Ort der Entspannung. Man kann sich auf einer der zahlreichen Bänke niederlassen und die historische Umgebung auf sich wirken lassen. Der Blick auf das Neue Rathaus und das Treiben auf dem Platz ist besonders in den frühen Abendstunden ein schönes Erlebnis.

Fazit

Der Marienplatz ist mehr als nur ein Platz; er ist ein Symbol für die Geschichte und Kultur Münchens. Ob man die Architektur bewundert, dem Glockenspiel lauscht oder einfach nur das Treiben der Stadt genießt – der Marienplatz bietet für jeden etwas und ist ein Muss für jeden München-Besucher. Er verkörpert die lebendige Geschichte der Stadt und bleibt ein unvergesslicher Teil jeder München-Erfahrung.

1. Architektur - Architecture
2. Bänke - Benches
3. Christkindlmarkt - Christmas Market
4. Fassade - Facade
5. Glockenspiel - Carillon
6. Jungfrau Maria - Virgin Mary
7. Marktplatz - Marketplace
8. Neugotischen Stil - Neo-Gothic Style
9. Rathaus - Town Hall
10. Rettung - Rescue
11. Säule - Column
12. Statue - Statue
13. Treffpunkt - Meeting Point
14. Umbenannt - Renamed
15. Verkehrsknotenpunkt - Traffic Hub

5. Erkundung des Englischen Gartens

An ihrem zweiten Tag in München entschieden sich John und Joan, den Englischen Garten zu erkunden. Schon früh am Morgen bereiteten sie ein Picknick vor. Joan packte belegte Brote, Obst und einige deutsche Leckereien ein, während John eine Decke und eine Thermoskanne mit Kaffee griffbereit hielt.

Mit ihrem Picknick im Gepäck machten sie sich auf den Weg zum nahegelegenen Fahrradverleih. „Zwei Fahrräder, bitte", sagte John zum Verkäufer. Bald darauf radelten sie auf den gut ausgebauten Wegen des Englischen Gartens.

Ihr erster Halt war die berühmte Eisbachwelle. Sie beobachteten fasziniert, wie geschickte Surfer die künstliche Welle bezwangen. „Das sieht so spannend aus", rief Joan aus, während sie die Surfer mit ihrem Handy filmte.

Weiter radelten sie durch den Park, auf der Suche nach einem perfekten Ort für ihr Picknick. Sie fanden eine idyllische Stelle auf einer Wiese nahe dem Chinesischen Turm. Dort breiteten sie ihre Decke aus und genossen ihr Essen. Um sie herum zwitscherten Vögel und das Summen der Stadt schien weit entfernt.

Nach dem Picknick schlenderten sie zum Chinesischen Turm. Die Klänge der traditionellen bayerischen Musik im Biergarten füllten die Luft. Sie kauften sich jeweils eine Brezel und lauschten der Musik. „Diese Brezeln sind köstlich", sagte Joan und biss in die weiche, warme Brezel.

Anschließend spazierten sie entlang des ruhigen Sees. Sie genossen die friedliche Atmosphäre und beobachteten die Enten und Schwäne auf dem Wasser. Unter dem Schatten großer Bäume fanden sie einen weiteren Platz zum Ausruhen.

„Lass uns eine Bootsfahrt machen", schlug John vor. Sie mieteten ein kleines Ruderboot und paddelten gemächlich über den See. Während der Fahrt unterhielten sie sich mit anderen Touristen und Einheimischen, die ebenfalls die Schönheit des Tages genossen.

Als die Sonne zu sinken begann, kehrten sie ans Ufer zurück und machten sich bereit für den Rückweg. Sie radelten durch den Park und beobachteten, wie die Sonne hinter den Bäumen verschwand und den Himmel in warme Farben tauchte.

Zurück in der Stadt, radelten sie durch die abendlichen Straßen Münchens, die von der Abenddämmerung beleuchtet wurden. Die Fahrt zurück zum Hotel war erfrischend und gab ihnen die Möglichkeit, die Eindrücke des Tages Revue passieren zu lassen.

Im Hotelzimmer angekommen, diskutierten sie über ihre Erlebnisse. „Der Englische Garten ist wirklich ein besonderer Ort", sagte Joan nachdenklich. „Ja, die Ruhe dort ist so erfrischend, ganz anders als die Hektik der Stadt", stimmte John zu. Sie sprachen noch lange über die Schönheit des Parks und die freundlichen Menschen, die sie getroffen hatten, bevor sie schließlich einschliefen, erfüllt von den schönen Erinnerungen des Tages.

1. Abenddämmerung - Twilight
2. Belegte Brote - Sandwiches
3. Bootsfahrt - Boat Trip
4. Brezel - Pretzel
5. Chinesischer Turm - Chinese Tower
6. Decke - Blanket
7. Eisbachwelle - Eisbach Wave
8. Erfrischend - Refreshing
9. Fahrradverleih - Bicycle Rental
10. Gemächlich - Leisurely
11. Hektik - Hustle and Bustle
12. Idyllische - Idyllic
13. Köstlich - Delicious
14. Ruderboot - Rowboat
15. Thermoskanne - Thermos Flask

Der Englische Garten in München: Eine Oase der Ruhe und Natur

Inmitten der lebhaften Großstadt München liegt eine grüne Oase, die sowohl Einheimische als auch Touristen anzieht – der Englische Garten. Dieser weitläufige Park, einer der größten städtischen Parks der Welt, bietet einen idealen Rückzugsort vom städtischen Trubel und ist ein perfektes Beispiel für die harmonische Verbindung von Natur und Stadtleben.

Geschichte des Englischen Gartens

Die Geschichte des Englischen Gartens beginnt im Jahr 1789, als er von Sir Benjamin Thompson, auch bekannt als Graf von Rumford, angelegt wurde. Ursprünglich als militärischer Garten konzipiert, entwickelte er sich schnell zu einem öffentlichen Park. Sein Name „Englischer Garten" leitet sich vom damals populären englischen Stil der Landschaftsgestaltung ab, der sich durch natürliche, malerische Landschaften auszeichnet.

Die Vielfalt des Parks

Auf einer Fläche von über 370 Hektar bietet der Englische Garten eine beeindruckende Vielfalt an Landschaften und Aktivitäten. Man findet hier weitläufige Wiesen, dichte Wälder, ruhige Seen und meandernde Flussläufe. Für Sportbegeisterte gibt es zahlreiche Jogging- und Radwege, während Liebhaber der Ruhe gemütliche Plätze zum Entspannen und Lesen finden.

Sehenswürdigkeiten im Englischen Garten

Eine der bekanntesten Attraktionen des Englischen Gartens ist der Chinesische Turm. Dieser 1790 erbaute, 25 Meter hohe Turm ist von einem gemütlichen Biergarten umgeben, der zum Verweilen und Genießen einlädt. Nicht weit entfernt befindet sich das Seehaus, ein weiterer beliebter Biergarten mit Blick auf den Kleinhesseloher See.

Ein einzigartiges Highlight ist die Eisbachwelle am südlichen Rand des Parks. Hier können Besucher das ganze Jahr über Surfern dabei zusehen, wie sie auf der künstlich erzeugten Welle reiten – ein außergewöhnliches Schauspiel mitten in der Stadt.

Natur und Tierwelt

Der Englische Garten ist auch ein Paradies für Naturliebhaber. Die reiche Flora und Fauna des Parks umfasst zahlreiche Vogelarten, Eichhörnchen und sogar die gelegentliche Beobachtung von Rehen. Die natürliche Vielfalt macht den Park zu einem lehrreichen und faszinierenden Ort für Kinder und Erwachsene gleichermaßen.

Veranstaltungen und Kultur

Der Englische Garten ist auch ein Ort für Kultur und Veranstaltungen. Im Sommer finden hier regelmäßig Konzerte, Theateraufführungen und andere kulturelle Veranstaltungen statt. Der Park dient als Treffpunkt für Menschen aller Altersgruppen und Hintergründe und fördert damit die Gemeinschaft und das kulturelle Leben in München.

Fazit

Der Englische Garten ist nicht nur ein Park, sondern ein lebendiges Symbol für die Schönheit und Vielfalt Münchens. Er bietet eine perfekte Mischung aus Erholung, Kultur und Naturerlebnis. Für jeden München-Besucher und natürlich für die Münchner selbst ist der Englische Garten ein Ort, der Entspannung, Freude und eine tiefe Verbindung zur Natur bietet. In diesem Park kann man die Seele baumeln lassen und die Schönheiten des Lebens in vollen Zügen genießen.

1. Biergarten - Beer Garden
2. Eisbachwelle - Eisbach Wave
3. Entspannen - Relax
4. Erholung - Recreation
5. Flora und Fauna - Flora and Fauna
6. Gemeinschaft - Community
7. Gemütlich - Cozy
8. Hektar - Hectare
9. Jogging - Jogging
10. Landschaftsgestaltung - Landscaping
11. Lesen - Read

12. Meandernd - Meandering
13. Naturliebhaber - Nature Lover
14. Rückzugsort - Retreat
15. Seehaus - Lake House

6. Tagesausflug zum Schloss Neuschwanstein

John und Joan hatten einen Tagesausflug zum Schloss Neuschwanstein, einem der berühmtesten Schlösser Deutschlands, geplant. Am Abend vorher buchten sie eine geführte Tour online. „Das wird ein aufregender Tag", sagte Joan, während sie die Bestätigungsemail überprüfte.

Am nächsten Morgen stiegen sie früh in den Bus, der sie von München aus zum Schloss bringen sollte. Während der Fahrt durch die bayerische Landschaft staunten sie über die malerischen Ansichten: sanfte Hügel, weite Felder und kleine Dörfer.

Als sie das erste Mal das märchenhafte Schloss Neuschwanstein erblickten, waren sie sprachlos. Es thronte majestätisch auf einem Hügel und sah aus wie aus einem Märchenbuch entsprungen. „Es ist noch beeindruckender, als ich es mir vorgestellt habe", flüsterte Joan.

Die geführte Tour durch das Schloss war faszinierend. Der Führer erzählte ihnen von König Ludwig II., dem Erbauer des Schlosses, und seiner Liebe zur Musik und Kunst. Jedes Zimmer im Schloss war ein Kunstwerk für sich, reich verziert und voller Geschichten.

Nach der Schlossführung machten sie eine Wanderung zur Marienbrücke. Von dort hatten sie einen atemberaubenden Panoramablick auf das Schloss und die umliegende Landschaft. „Dieser Blick ist unglaublich", sagte John, während er Fotos machte.

Zum Mittagessen kehrten sie in ein lokales Restaurant ein. Sie genossen typisch bayerische Gerichte und unterhielten sich angeregt über die Eindrücke des Vormittags.

Anschließend besuchten sie das Schloss Hohenschwangau, das in der Nähe lag. Dieses Schloss war weniger bekannt, aber nicht weniger beeindruckend mit seinen hellen Farben und der romantischen Architektur.

Sie spazierten durch die wunderschönen Gärten des Schlosses, umgeben von bunten Blumen und alten Bäumen. „Jeder Winkel hier ist wie aus einer anderen Zeit", bemerkte Joan.

Bevor sie den Rückweg nach München antraten, kauften sie noch einige Schloss-Themen-Souvenirs. John wählte eine detaillierte Nachbildung von Neuschwanstein, und Joan entschied sich für eine hübsche Schneekugel.

Auf der Rückfahrt nach München teilten sie ihre Fotos des Schlosses mit Freunden und Familie. „Diese Bilder werden eine tolle Erinnerung sein", sagte John.

Zurück im Hotel fühlten sie sich müde, aber glücklich über die erlebten Abenteuer. Sie entspannten sich im Hotelzimmer und ließen den Tag Revue passieren.

Vor dem Schlafengehen schrieben sie noch einige Postkarten über ihren Besuch im Schloss Neuschwanstein. Joan schrieb: „Das Schloss war wie ein Traum, so wunderschön und magisch." John fügte hinzu: „Ein unvergesslicher Tag in einem der schönsten Orte Deutschlands."

Zufrieden und voller neuer Eindrücke schliefen sie ein, bereit für weitere Abenteuer in München.

1. Abenteuer - Adventure
2. Atemberaubend - Breathtaking
3. Bestätigungsemail - Confirmation Email
4. Dörfer - Villages
5. Erbauer - Builder
6. Geführte Tour - Guided Tour
7. Hügel - Hill
8. Landschaft - Landscape
9. Magisch - Magical
10. Märchenhaft - Fairy-tale-like
11. Panoramablick - Panoramic View
12. Postkarten - Postcards
13. Schloss - Castle
14. Souvenirs - Souvenirs

Neuschwanstein: Ein Märchenschloss in Bayern

Das Schloss Neuschwanstein, gelegen in den malerischen bayerischen Alpen, ist eines der berühmtesten und meistbesuchten Schlösser Deutschlands. Mit seiner atemberaubenden Architektur und idyllischen Lage zieht es jährlich Millionen von Besuchern aus der ganzen Welt an.

Die Entstehung des Schlosses

Neuschwanstein wurde im späten 19. Jahrhundert von König Ludwig II. von Bayern in Auftrag gegeben. Der König, bekannt für seine Liebe zur Kunst und Musik, insbesondere zu den Werken Richard Wagners, wollte ein Schloss erschaffen, das einem Märchen entspringt. Der Bau begann 1869 und dauerte bis 1886, allerdings wurde das Schloss nie ganz fertiggestellt, da Ludwig II. unter mysteriösen Umständen starb.

Die Architektur von Neuschwanstein

Das Schloss Neuschwanstein ist ein Meisterwerk der romantischen Architektur. Mit seinen weißen Türmen, Zinnen und Balkonen, die majestätisch über der Landschaft thronen, wirkt es wie aus einer anderen Welt. Die Innenräume sind ebenso beeindruckend, mit prächtigen Sälen, kunstvoll gestalteten Wandmalereien und einem prächtigen Thronsaal. Trotz seiner mittelalterlichen Erscheinung verfügte das Schloss über modernste Technik seiner Zeit, wie fließendes Wasser und eine Zentralheizung.

Die Lage und Umgebung

Gelegen in der Nähe von Füssen im Südwesten Bayerns, bietet Neuschwanstein einen spektakulären Blick auf die umliegenden Alpen und Seen. Die malerische Landschaft um das Schloss herum lädt zu Wanderungen und Spaziergängen ein und bietet zahlreiche Fotomöglichkeiten. Ein besonders beliebter Aussichtspunkt ist die Marienbrücke, von der aus man einen atemberaubenden Blick auf das Schloss und die Pöllatschlucht hat.

Besuchererlebnis

Für Besucher bietet Neuschwanstein ein unvergessliches Erlebnis. Eine Führung durch das Schloss ermöglicht Einblicke in das Leben und die Träume König Ludwigs II. und zeigt die prunkvollen Räume und kunstvollen Details, die das Schloss zu einem Kunstwerk machen. Es ist empfehlenswert, Tickets im Voraus zu buchen, da die Nachfrage besonders in der Hochsaison sehr hoch ist.

Neuschwanstein in der Popkultur

Neuschwanstein hat auch in der Popkultur einen festen Platz. Es diente als Inspiration für das Schloss in Disneys „Dornröschen" und ist aufgrund seines märchenhaften Aussehens in zahlreichen Filmen und Büchern zu finden. Das Schloss ist ein Symbol für Romantik und Märchenhaftigkeit und zieht Menschen an, die von seiner mystischen und majestätischen Erscheinung fasziniert sind.

Fazit

Das Schloss Neuschwanstein ist mehr als nur eine Touristenattraktion; es ist ein Wahrzeichen bayerischer Geschichte und Kultur. Mit seiner atemberaubenden Architektur, faszinierenden Geschichte und malerischen Lage ist es ein Ort, der die Fantasie anregt und Besucher in eine andere Welt entführt. Ein Besuch des Schlosses Neuschwanstein ist ein unvergessliches Erlebnis und ein Höhepunkt jeder Bayern-Reise.

1. Atemberaubend - Breathtaking
2. Entstehung - Origin, Creation
3. Faszinierend - Fascinating
4. Idyllisch - Idyllic
5. Kunstvoll - Artistic, Artfully
6. Majestätisch - Majestic

7. Malerisch - Picturesque
8. Märchenhaft - Fairytale-like
9. Mittelalterlich - Medieval
10. Mysteriös - Mysterious
11. Prächtig - Magnificent, Splendid
12. Prunkvoll - Opulent
13. Romantische - Romantic
14. Thronsaal - Throne Room
15. Zinnen - Battlements

7. Besuch der BMW Welt und des BMW Museums

John und Joan entschieden sich an ihrem nächsten Tag in München, die BMW Welt und das BMW Museum zu besuchen. Sie waren beide begeisterte Autofans und freuten sich darauf, mehr über die berühmte deutsche Automarke zu erfahren.

Nach einem schnellen Frühstück nahmen sie die U-Bahn zur BMW Welt. „Ich kann es kaum erwarten, die Autos zu sehen", sagte John, während sie aus der U-Bahn stiegen. Die moderne Architektur der BMW Welt beeindruckte sie sofort. Das futuristische Design des Gebäudes mit seinen gewagten Kurven und dem gläsernen Dach war atemberaubend.

Im Inneren der BMW Welt erkundeten sie die neuesten BMW-Automodelle. Sie bestaunten die glänzenden Autos, von Sportwagen bis zu Luxuslimousinen. „Schau dir diesen hier an, Joan! Das ist der neue elektrische BMW", rief John begeistert.

Anschließend gingen sie ins BMW Museum, wo sie durch interaktive Ausstellungen geführt wurden. Sie lernten viel über die Geschichte von BMW, von den frühen Motorrädern bis hin zu den modernen Autos von heute. „Es ist faszinierend zu sehen, wie sich die Technologie entwickelt hat", bemerkte Joan.

Ein besonderes Highlight war die Beobachtung der Montage eines Autos. Sie sahen zu, wie die verschiedenen Teile zusammengefügt wurden, ein faszinierender Einblick in die Welt der Automobilproduktion.

John probierte dann einen Fahrsimulator aus. „Das fühlt sich so echt an!", rief er aus, während er durch virtuelle Straßen fuhr. Joan lachte und machte Fotos von ihm im Simulator.

Später genossen sie einen Snack im Café der BMW Welt. Während sie ihren Kaffee tranken, blickten sie auf die ausgestellten Autos und diskutierten über ihre Lieblingsmodelle.

Bevor sie gingen, besuchten sie den BMW-Shop, um Souvenirs zu kaufen. John kaufte ein Modellauto, und Joan entschied sich für einen BMW-Schlüsselanhänger.

Sie nutzten die Gelegenheit, um Fotos neben einigen der luxuriösen Autos zu machen. „Das wird ein tolles Foto für Instagram", sagte Joan, als sie neben einem glänzenden Sportwagen posierten.

Nach dem BMW-Besuch spazierten sie zum nahegelegenen Olympiapark. Sie bestaunten die weiten Grünflächen und die sportlichen Einrichtungen. Der Höhepunkt war der Aufstieg auf den Olympiaturm. Von oben hatten sie einen atemberaubenden Blick über die ganze Stadt München. „Sieh nur, man kann sogar die Alpen sehen", sagte John und zeigte in die Ferne.

Während sie den Turm hinabstiegen, reflektierten sie über die Entwicklung der Automobile und wie sehr diese die Welt verändert haben. „Es ist erstaunlich, wie weit die Technologie gekommen ist", sagte Joan nachdenklich.

Sie diskutierten weiter über ihre Lieblingsautos, während sie zurück ins Stadtzentrum fuhren. Beide waren sich einig, dass der Besuch in der BMW Welt und im Museum eine einzigartige und unvergessliche Erfahrung war.

Zurück in der Münchner Innenstadt, fühlten sie sich erfüllt von ihrem Tag voller Entdeckungen und neuen Eindrücken. Sie kehrten zum Hotel zurück, bereit für ein entspannendes Abendessen und gespannt auf die weiteren Abenteuer, die München für sie bereithielt.

1. Atemberaubend - Breathtaking
2. Automarke - Car Brand
3. Beeindruckt - Impressed
4. Elektrisch - Electric
5. Faszinierend - Fascinating
6. Futuristisch - Futuristic
7. Gewagt - Bold
8. Gläsern - Glass (adjective)
9. Interaktiv - Interactive
10. Luxuslimousine - Luxury Sedan
11. Montage - Assembly

12. Olympiaturm - Olympic Tower
13. Reflektieren - Reflect
14. Sportwagen - Sports Car
15. Unvergesslich - Unforgettable

BMW in München: Ein Symbol für Innovation und Tradition

In München, der Hauptstadt Bayerns, befindet sich der Hauptsitz eines der weltweit führenden Automobilhersteller: der Bayerische Motoren Werke AG, besser bekannt als BMW. Diese Firma ist nicht nur ein wesentlicher Bestandteil der deutschen Wirtschaft, sondern auch ein Symbol für Innovation, Qualität und Tradition.

Die Geschichte von BMW

Die Geschichte von BMW beginnt im Jahr 1916 als ein Hersteller von Flugzeugmotoren. Nach dem Ersten Weltkrieg wandelte sich das Unternehmen und begann mit der Produktion von Motorrädern und später auch von Automobilen. Das berühmte BMW-Emblem, das an Propellerblätter erinnert, ist ein Hinweis auf die Anfänge des Unternehmens in der Luftfahrtindustrie.

BMW Welt und BMW Museum

Eines der Highlights für Besucher in München ist die BMW Welt, eine beeindruckende moderne Ausstellungshalle, die 2007 eröffnet wurde. Hier können Besucher die neuesten BMW-Modelle bewundern, Technologien erkunden und sogar neue Fahrzeuge abholen. Das futuristische Design des Gebäudes spiegelt die Innovationskraft und den modernen Geist von BMW wider.

Ganz in der Nähe der BMW Welt befindet sich das BMW Museum, das die Geschichte des Unternehmens und seine zahlreichen bahnbrechenden Modelle präsentiert. In der spiralförmigen Ausstellung erfahren Besucher mehr über die

Entwicklung der Fahrzeuge und Technologien von BMW über die Jahrzehnte.

BMW und die Münchner Wirtschaft

BMW ist einer der größten Arbeitgeber in München und spielt eine entscheidende Rolle in der Wirtschaft der Stadt. Die Firma beschäftigt Tausende von Menschen, nicht nur in der Produktion, sondern auch in Bereichen wie Forschung und Entwicklung, Marketing und Vertrieb.

Nachhaltigkeit und Zukunftsvisionen

BMW ist sich seiner Verantwortung für die Umwelt bewusst und setzt sich zunehmend für Nachhaltigkeit ein. Dies zeigt sich in der Entwicklung von Elektroautos und Hybridmodellen sowie in der Forschung zu alternativen Antriebstechnologien. BMW strebt danach, führend in der Mobilität der Zukunft zu sein und arbeitet an innovativen Lösungen für die Herausforderungen unserer Zeit.

BMW als Teil der Münchner Kultur

BMW ist nicht nur wirtschaftlich, sondern auch kulturell tief in München verankert. Das Unternehmen unterstützt zahlreiche kulturelle und soziale Projekte in der Stadt und Umgebung. Der BMW Vierzylinder, das markante Hauptquartier des Unternehmens, ist zu einem Wahrzeichen Münchens geworden und spiegelt die Bedeutung von BMW für die Stadt wider.

Fazit

BMW in München steht für mehr als nur die Produktion von Premiumfahrzeugen. Es ist ein Symbol für die gelungene Verbindung von Tradition und Innovation, von wirtschaftlicher Stärke und sozialer Verantwortung. Für Besucher Münchens bietet BMW mit der BMW Welt und dem BMW Museum faszinierende Einblicke in die Welt der Mobilität und ist ein Muss für jeden Auto- und Technikbegeisterten. BMW ist ein stolzer Vertreter Münchens auf der Weltbühne und ein leuchtendes Beispiel für deutsche Ingenieurskunst.

1. Anfänge - Beginnings
2. Automobilhersteller - Automobile Manufacturer
3. Bahnbrechend - Groundbreaking
4. Emblem - Emblem
5. Flugzeugmotoren - Aircraft Engines
6. Futuristisch - Futuristic
7. Ingenieurskunst - Engineering
8. Innovation - Innovation
9. Luftfahrtindustrie - Aviation Industry
10. Nachhaltigkeit - Sustainability
11. Propellerblätter - Propeller Blades
12. Spiralförmig - Spiral-Shaped
13. Verantwortung - Responsibility
14. Wirtschaft - Economy
15. Weltbühne - World Stage

8. Ein Besuch im Deutschen Museum

John und Joan planten, das berühmte Deutsche Museum in München zu besuchen, das für seine umfangreichen wissenschaftlichen und technologischen Ausstellungen bekannt ist. Sie hatten schon viel über dieses Museum gehört und waren gespannt darauf, es selbst zu erkunden.

Nach einem reichhaltigen Frühstück im Hotel machten sie sich auf den Weg. „Ich habe gelesen, dass es das größte Wissenschafts- und Technikmuseum der Welt ist", sagte Joan, während sie die Straße zum Museum entlanggingen. Als sie das imposante Gebäude des Museums erreichten, waren sie beeindruckt von seiner Größe.

Sie begannen ihren Rundgang im Bereich der Luft- und Raumfahrt. „Sieh dir diese alten Flugzeuge und Raketen an!", rief John aus, als er eine historische Rakete betrachtete. Joan war ebenso fasziniert von den Flugzeugmodellen und der Geschichte der Raumfahrt.

Weiter ging es zur Abteilung für wissenschaftliche Experimente. Sie nahmen an interaktiven Physikdemonstrationen teil, bei denen sie grundlegende physikalische Gesetze selbst ausprobieren konnten. „Das ist so spannend, zu sehen, wie diese Experimente funktionieren", sagte Joan, während sie ein Experiment mit einem Pendel beobachtete.

Einer der Höhepunkte des Museumsbesuchs war die Ausstellung historischer Boote und Schiffe. Sie bewunderten die kunstvoll gefertigten Modelle alter Segelschiffe und erfuhren mehr über die Geschichte der Seefahrt.

In einem Bereich, der Hands-on-Exponate bot, experimentierten John und Joan mit verschiedenen wissenschaftlichen Instrumenten. Sie betätigten Hebel, drückten Knöpfe und lernten spielerisch über Mechanik und Elektrizität.

Zu Mittag aßen sie in der Cafeteria des Museums. Während des Essens diskutierten sie über das, was sie bisher gesehen hatten. „Es ist unglaublich, wie viel man hier lernen kann", bemerkte John, als er in sein Sandwich biss.

Nach dem Mittagessen erkundeten sie die Abteilung für Energietechnologie. Sie sahen sich verschiedene Energiequellen an, von fossilen Brennstoffen bis hin zu erneuerbaren Energien, und lernten über deren Nutzung und Auswirkungen auf die Umwelt.

Während des gesamten Besuchs diskutierten sie interessante Fakten und Informationen, die sie im Museum gelernt hatten. „Ich wusste nicht, dass die Nutzung von Solarenergie so eine lange Geschichte hat", sagte Joan.

Bevor sie das Museum verließen, besuchten sie den Museumsshop. Joan kaufte einige Postkarten und ein Buch über die Geschichte der Luftfahrt, während John sich für ein Modell eines historischen Schiffes entschied.

Nach dem Museumsbesuch spazierten sie entlang des Isarflusses, genossen die ruhige Atmosphäre und die schöne Aussicht. „Es ist so friedlich hier", sagte Joan.

Sie machten eine Pause in einem nahegelegenen Café, wo sie bei einer Tasse Kaffee entspannten. Dort planten sie ihre Aktivitäten für den nächsten Tag. „Was hältst du von einem Besuch in den Pinakothek-Museen morgen?", schlug John vor. Joan stimmte zu, und sie freuten sich auf einen weiteren Tag voller neuer Eindrücke und Entdeckungen in München.

Erschöpft, aber glücklich über die vielen neuen Erkenntnisse kehrten sie zum Hotel zurück. Sie waren sich einig, dass der Besuch im Deutschen Museum nicht nur lehrreich, sondern auch äußerst unterhaltsam gewesen war.

1. Ausprobieren - Try out, Experiment
2. Betrachten - Observe, Look at
3. Eindrücke - Impressions
4. Energietechnologie - Energy Technology
5. Erkunden - Explore

6. Experimentieren - Experiment
7. Fasziniert - Fascinated
8. Flugzeuge - Airplanes
9. Interaktiv - Interactive
10. Luft- und Raumfahrt - Aerospace
11. Physikalische - Physical (as in physics)
12. Raketen - Rockets
13. Reichhaltig - Rich, Substantial
14. Seefahrt - Maritime, Navigation
15. Umfangreich - Extensive, Comprehensive

Das Deutsche Museum in München: Ein Schaufenster der Wissenschaft und Technik

Das Deutsche Museum in München, gegründet im Jahr 1903, ist eines der größten und bedeutendsten Museen für Naturwissenschaft und Technik weltweit. Mit einer beeindruckenden Sammlung, die über 28.000 ausgestellte Objekte umfasst, bietet das Museum Besuchern aller Altersgruppen einen faszinierenden Einblick in die Welt der Wissenschaft und Technik.

Geschichte und Gründung des Museums

Das Deutsche Museum wurde von Oskar von Miller, einem bedeutenden Ingenieur und Pionier auf dem Gebiet der Elektrotechnik, ins Leben gerufen. Seine Vision war es, ein Museum zu schaffen, das Wissenschaft und Technik für jedermann zugänglich macht. Heute ist das Museum eine der meistbesuchten Bildungseinrichtungen in Deutschland und zieht jährlich Millionen von Besuchern an.

Die Ausstellungen im Deutschen Museum

Das Museum erstreckt sich über mehrere Etagen und deckt eine Vielzahl von Themen ab, von der Astronomie bis zur Zellbiologie, von der Energie- und Bergbautechnik bis hin zur Luft- und Raumfahrt. Ein Highlight ist das Planetarium, in dem Besucher eine Reise durch das Universum unternehmen können. Ebenfalls beeindruckend ist die Abteilung für Luft- und

Raumfahrt, die unter anderem historische Flugzeuge und einen Nachbau des Apollo-Raumschiffs zeigt.

Für technikbegeisterte Besucher bietet das Museum faszinierende Einblicke in die Entwicklung von Computern, Autos und Maschinen. Die Ausstellung zur Informatik zeigt beispielsweise die Evolution von Rechenmaschinen bis hin zu modernen Computern. Im Bereich der Automobiltechnik können Besucher alles von den ersten Autos bis zu modernen Elektrofahrzeugen erkunden.

Interaktive und kinderfreundliche Angebote

Ein besonderes Merkmal des Deutschen Museums sind die zahlreichen interaktiven Stationen, an denen Besucher selbst experimentieren und lernen können. Diese interaktiven Elemente machen das Museum besonders für Kinder und Jugendliche attraktiv und sorgen für ein spannendes und lehrreiches Erlebnis.

Das Kinderreich, ein spezieller Bereich für Kinder, ermöglicht den jüngsten Besuchern, durch Spielen und Experimentieren die Welt der Wissenschaft zu entdecken. Hier können Kinder in einem Wasserspielbereich experimentieren, physikalische Phänomene erforschen oder an Workshops teilnehmen.

Veranstaltungen und Sonderausstellungen

Das Deutsche Museum bietet regelmäßig Sonderausstellungen, Vorträge und Veranstaltungen an. Diese bieten die Möglichkeit, tiefer in spezielle Themen einzutauchen und sich über aktuelle Entwicklungen in Wissenschaft und Technik zu informieren.

Fazit

Das Deutsche Museum in München ist nicht nur ein Museum, es ist ein lebendiges Zentrum der Wissenschafts- und Technikvermittlung. Es bietet Besuchern aller Altersstufen die Möglichkeit, in die Welt der Wissenschaft einzutauchen, Neues zu lernen und sich inspirieren zu lassen. Ob für Familien, Schulklassen oder Technikbegeisterte – ein Besuch im

Deutschen Museum ist ein unvergessliches Erlebnis und ein Muss für jeden München-Besucher.

1. Automobiltechnik - Automotive Engineering
2. Bergbautechnik - Mining Technology
3. Bildungseinrichtungen - Educational Institutions
4. Elektrotechnik - Electrical Engineering
5. Energie - Energy
6. Erkunden - Explore
7. Faszinierend - Fascinating
8. Informatik - Computer Science
9. Interaktiv - Interactive
10. Luft- und Raumfahrt - Aerospace
11. Naturwissenschaft - Natural Science
12. Physikalische - Physical (as in physics)
13. Planetarium - Planetarium
14. Rechenmaschinen - Calculating Machines
15. Zellbiologie - Cell Biology

9. Die Entdeckung der Kunst in den Pinakothek-Museen

John und Joan hatten beschlossen, einen Tag in den Pinakothek-Museen in München zu verbringen, um die Kunst in all ihren Facetten zu entdecken. Nach einem Frühstück in ihrem Hotel begannen sie ihren Tag mit der Frage, welches der drei berühmten Museen sie zuerst besuchen sollten.

„Sollen wir mit der Alten Pinakothek beginnen?", fragte Joan. „Dort gibt es viele Meisterwerke der alten Meister." John stimmte zu, und so machten sie sich auf den Weg zum Museum.

In der Alten Pinakothek angekommen, waren sie sofort von den eindrucksvollen Gemälden und der Architektur des Museums beeindruckt. Sie verbrachten Stunden damit, die Kunstwerke zu bewundern, darunter Werke von Rembrandt, Rubens und Leonardo da Vinci. „Dieses Gemälde von Rubens ist mein Favorit", sagte Joan, während sie vor einem großen, lebhaften Bild stand.

Nachdem sie die Alte Pinakothek ausgiebig erkundet hatten, gingen sie zur Neuen Pinakothek, um sich die Kunst des 19. Jahrhunderts anzusehen. Hier waren sie fasziniert von den Werken von Künstlern wie Van Gogh und Monet. „Die Farben in Van Goghs Gemälden sind so intensiv", bemerkte John.

Ihr nächster Halt war die Pinakothek der Moderne, wo sie zeitgenössische Kunst und Design entdeckten. Sie waren besonders von den abstrakten Werken und modernen Installationen beeindruckt. „Diese moderne Kunst ist wirklich anders, aber sehr interessant", sagte Joan nachdenklich.

In einem der Museen nahmen sie an einer geführten Tour teil, wo sie mehr über die Geschichte und Bedeutung der ausgestellten Kunstwerke erfuhren. Der Führer erklärte die verschiedenen Kunststile und Epochen, was für sie sehr aufschlussreich war.

Zum Mittagessen machten sie eine Pause im Café eines der Museen. Während sie aßen, diskutierten sie über ihre Eindrücke und Lieblingskunstwerke des Tages. „Ich finde es faszinierend, wie sich die Kunststile über die Zeit verändert haben", sagte John.

Nach dem Essen entschied Joan, eines der Kunstwerke zu skizzieren. Sie fand einen ruhigen Platz und begann, ein Bild nachzuzeichnen, das sie besonders inspiriert hatte. John beobachtete sie und genoss die kreative Atmosphäre.

Bevor sie das Museum verließen, kauften sie im Museumsshop Postkarten mit Kunstwerken, die sie am meisten beeindruckt hatten. „Diese werde ich an die Wand in meinem Zimmer hängen", sagte Joan.

Sie spazierten durch die Gärten des Museums und genossen die Ruhe. „Es ist schön, hier zu sitzen und alles zu verarbeiten", sagte John.

Auf dem Rückweg zum Hotel besuchten sie einen nahegelegenen Kunstladen, wo sie sich weitere Kunstwerke und Bücher ansahen. „Diese Drucke sind wunderschön", bemerkte Joan, während sie durch die Kunstwerke blätterte.

Am Abend planten sie, ein Konzert oder eine Show zu besuchen, um ihren Tag in München abzurunden. „Ein Konzert wäre der perfekte Abschluss für diesen kunstvollen Tag", sagte Joan.

Nach dem Konzert genossen sie ein entspannendes Abendessen in einem gemütlichen Restaurant in der Stadt. Während des Essens reflektierten sie über ihre künstlerischen Erlebnisse des Tages. „Heute haben wir so viel gesehen und gelernt", sagte John. Joan stimmte zu und fügte hinzu: „Es war ein wunderbarer Tag, gefüllt mit Kunst und Inspiration."

Zufrieden mit ihrem Tag kehrten sie zum Hotel zurück, bereit für neue Erlebnisse in den kommenden Tagen in München.

1. Abstrakt - Abstract
2. Bedeutung - Significance, Meaning
3. Entdeckung - Discovery
4. Epoche - Era
5. Facetten - Facets
6. Faszinierend - Fascinating

7. Gemälde - Painting
8. Installationen - Installations
9. Kunstladen - Art Shop
10. Kunststile - Art Styles
11. Kunstwerk - Artwork
12. Meisterwerke - Masterpieces
13. Nachzeichnen - Sketch, Reproduce
14. Pinakothek - Pinakothek (specific to the museum's name)
15. Zeitgenössisch - Contemporary

Die Pinakotheken in München: Ein Zentrum der Kunst und Kultur

In München, der Hauptstadt Bayerns, befindet sich ein besonderer Ort für Kunstliebhaber: die Pinakotheken. Diese Museumskomplexe, bestehend aus der Alten Pinakothek, der Neuen Pinakothek und der Pinakothek der Moderne, bieten einen umfassenden Einblick in die Kunstgeschichte von der Antike bis zur Gegenwart.

Die Alte Pinakothek: Ein Meisterwerk der Kunstgeschichte

Die Alte Pinakothek, erbaut im 19. Jahrhundert, beherbergt eine der bedeutendsten Sammlungen europäischer Malerei vom 14. bis zum 18. Jahrhundert. Das Museum, eines der ältesten Galeriegebäude der Welt, zeigt Werke von Meistern wie Albrecht Dürer, Leonardo da Vinci, Raphael, Peter Paul Rubens und Rembrandt. Besucher können hier einige der berühmtesten Gemälde der Welt bewundern und in die Welt der Renaissance und des Barock eintauchen.

Die Neue Pinakothek: Kunst des 19. Jahrhunderts

Die Neue Pinakothek konzentriert sich auf die Kunst des 19. Jahrhunderts. Sie zeigt ein breites Spektrum an Werken, das von der Romantik über den Impressionismus bis hin zum Jugendstil reicht. Highlights sind Gemälde von Vincent van Gogh, Edouard Manet, Caspar David Friedrich und vielen anderen bedeutenden Künstlern dieser Epoche. Die Neue Pinakothek bietet einen faszinierenden Überblick über die Entwicklungen in der Malerei und Skulptur dieses bewegten Jahrhunderts.

Die Pinakothek der Moderne: Ein Schaufenster der Gegenwartskunst

Die Pinakothek der Moderne ist das neueste Museum des Trios und stellt Kunst, Grafik, Architektur und Design des 20. und 21. Jahrhunderts aus. Hier finden Besucher Werke von Künstlern wie Pablo Picasso, Salvador Dalí, Andy Warhol und vielen anderen. Neben der modernen Kunst werden auch Designobjekte, Grafiken und architektonische Werke ausgestellt, die einen Überblick über die kreative Vielfalt der Moderne geben.

Ein Ort für Bildung und Inspiration

Die Pinakotheken sind nicht nur Museen, sondern auch Orte der Bildung und Inspiration. Sie bieten regelmäßig Führungen, Vorträge, Workshops und Sonderausstellungen an. Diese Veranstaltungen ermöglichen es Besuchern, tiefer in die Welt der Kunst einzutauchen und mehr über die Hintergründe und Techniken der ausgestellten Werke zu erfahren.

Fazit

Die Pinakotheken in München sind ein Muss für jeden Kunstinteressierten. Sie bieten eine einzigartige Möglichkeit, die Entwicklung der Kunst von ihren Anfängen bis in die moderne Zeit zu verfolgen. Die Vielfalt und Qualität der Sammlungen machen jeden Besuch zu einem unvergesslichen Erlebnis. Ob man sich für die klassische Malerei, die Kunst des 19. Jahrhunderts oder die moderne und zeitgenössische Kunst interessiert – in den Pinakotheken findet jeder etwas, das ihn inspiriert und bereichert.

1. Antike - Antiquity
2. Barock - Baroque
3. Bildung - Education
4. Epoche - Era

5. Faszinierend - Fascinating
6. Galeriegebäude - Gallery Building
7. Gegenwartskunst - Contemporary Art
8. Impressionismus - Impressionism
9. Jugendstil - Art Nouveau
10. Kunstgeschichte - Art History
11. Kunstliebhaber - Art Lover
12. Malerei - Painting
13. Renaissance - Renaissance
14. Skulptur - Sculpture
15. Umfasst - Comprises

10. Ein Tag des Einkaufens und der bayerischen Küche in München

An einem sonnigen Morgen in München beschlossen John und Joan, einen Tag dem Einkaufen und der bayerischen Küche zu widmen. Ihr erstes Ziel war die berühmte Einkaufsstraße Kaufingerstraße, bekannt für ihre Vielfalt an Geschäften und Boutiquen.

Während sie die lebhafte Straße entlangschlenderten, wurden sie von den Schaufenstern und der Vielfalt der angebotenen Waren angezogen. „Schau, hier gibt es traditionelle deutsche Kleidung", sagte Joan, als sie einen Laden mit Lederhosen und Dirndl entdeckte. Sie betraten das Geschäft und probierten die bayerische Tracht an. John lachte, als er sich im Spiegel in Lederhosen sah, und Joan machte Fotos von ihnen beiden in traditioneller Kleidung.

Nach dem Besuch der Bekleidungsgeschäfte wandten sie sich den kulinarischen Genüssen zu. Auf der Straße probierten sie verschiedene bayerische Straßensnacks, darunter Brezeln und gebrannte Mandeln. „Das schmeckt wirklich gut", sagte John, während er in eine frisch gebackene Brezel biss.

Als nächstes besuchten sie einige Gourmet-Lebensmittelgeschäfte, wo sie lokale Spezialitäten wie Käse und Wurst probierten. Joan war fasziniert von der Vielfalt und Qualität der angebotenen Produkte.

Zum Mittagessen kehrten sie in ein traditionelles bayerisches Restaurant ein. Sie genossen ein herzhaftes Mittagessen mit Schweinshaxe und Knödeln, begleitet von einem kühlen Bier. „Das ist so lecker", sagte Joan, während sie ihr Bier genoss.

Am Nachmittag entdeckten sie einige einzigartige Boutiquen, in denen sie Geschenke und Souvenirs für Freunde und Familie zu Hause kauften. John fand ein handgefertigtes Bierkrug, und Joan kaufte einige handgemachte Schmuckstücke.

Nach dem Einkaufsbummel machten sie eine Pause und genossen einen Kaffee in einem gemütlichen Café. Während sie entspannten, beobachteten sie das geschäftige Treiben auf der Straße.

Später am Tag kehrten sie zum Viktualienmarkt zurück, um noch mehr lokale Speisen zu probieren. Sie probierten verschiedene Arten von Würstchen und diskutierten darüber, welche ihnen am besten schmeckten.

Am Abend besuchten sie eine lokale Brauerei, um den Tag ausklingen zu lassen. Sie saßen draußen, genossen ein frisch gezapftes Bier und reflektierten über ihren Tag. „Das war ein wirklich schöner Tag", sagte John. „Ja, wir haben so viele neue Dinge probiert und gesehen", fügte Joan hinzu.

Zurück im Hotel packten sie ihre Einkäufe aus und planten einen ruhigen Abend, um sich von ihrem geschäftigen Tag zu erholen. Sie entschieden sich für ein leichtes Abendessen im Hotel und einen Spaziergang durch die ruhigen Straßen Münchens.

Der Tag war gefüllt mit neuen Erfahrungen, köstlichem Essen und interessanten Einkäufen. Erschöpft, aber glücklich fielen sie ins Bett, bereit für weitere Erlebnisse in den kommenden Tagen ihrer Reise in München.

1. Bekleidungsgeschäfte - Clothing Stores
2. Boutiquen - Boutiques
3. Einkaufsbummel - Shopping Spree
4. Einkaufsstraße - Shopping Street
5. Gebrannte Mandeln - Roasted Almonds
6. Genüsse - Delights, Pleasures
7. Handgemacht - Handmade
8. Kulinarisch - Culinary
9. Lederhosen - Leather Trousers
10. Probieren - To Try, Taste
11. Schaufenster - Shop Window
12. Schweinshaxe - Pork Knuckle
13. Spezialitäten - Specialties
14. Traditionelle - Traditional

15. Viktualienmarkt - Viktualienmarkt (a famous food market in Munich; Viktualien = victuals)

Bayerische Küche: Eine kulinarische Reise durch Bayern

Die bayerische Küche ist bekannt für ihre herzhaften und deftigen Speisen, die tief in der Tradition und Kultur Bayerns verwurzelt sind. Von herzhaften Würsten über schmackhafte Knödel bis hin zu süßen Leckereien, die bayerische Küche bietet eine Vielzahl an Gaumenfreuden, die jeden Liebhaber guter Speisen begeistern.

Die Grundlagen der bayerischen Küche

Typisch für die bayerische Küche sind Fleisch, Kartoffeln, Knödel und Kraut. Fleisch spielt eine zentrale Rolle, besonders Schweinefleisch, das in vielen Gerichten zu finden ist. Die Küche ist bekannt für ihre Einfachheit, wobei der Schwerpunkt auf der Qualität der Zutaten und der traditionellen Zubereitung liegt.

Beliebte bayerische Gerichte

Ein klassisches Gericht ist der Schweinebraten mit Knödeln und Krautsalat. Der Braten wird langsam gegart, bis er zart und saftig ist, und oft mit einer dunklen Biersoße serviert. Knödel, ob aus Kartoffeln oder Brot gemacht, sind eine typische Beilage in der bayerischen Küche.

Die Weißwurst, eine milde Brühwurst aus Kalbfleisch und Schweinefleisch, ist ebenfalls ein bayerisches Wahrzeichen. Traditionell wird sie mit süßem Senf und Brezeln serviert und oft zum Frühschoppen, einem späten Frühstück, gegessen.

Nicht zu vergessen ist das Sauerkraut, ein fermentierter Kohl, der oft als Beilage zu Fleischgerichten dient und für seine gesundheitsfördernden Eigenschaften bekannt ist.

Bayerische Brotzeiten

Die Brotzeit, eine Art bayerisches Vesper, ist ein wesentlicher Bestandteil der lokalen Esskultur. Typischerweise besteht sie aus einer Auswahl an Wurst, Käse, Radi (Rettich), frischen Brezeln und Brot. Oft wird dazu ein kühles Bier genossen.

Süße Verführungen

Auch süße Speisen sind in Bayern beliebt. Der Apfelstrudel, ein dünner Teig gefüllt mit Äpfeln, Rosinen und Zimt, ist ein traditioneller Nachtisch. Ein weiteres beliebtes Dessert ist der Kaiserschmarrn, eine Art zerrissener Pfannkuchen, der mit Zucker bestäubt und mit Apfelmus serviert wird.

Bayerisches Bier: Ein wichtiger Teil der Mahlzeit

Bier ist in der bayerischen Küche mehr als nur ein Getränk – es ist ein fester Bestandteil der Kultur. Bayern ist weltweit für seine Vielfalt an Bieren bekannt, darunter Weißbier, Helles, Dunkles und natürlich das berühmte Oktoberfestbier.

Fazit

Die bayerische Küche bietet eine faszinierende Kombination aus herzhaften und süßen Speisen, die jeden Gaumen erfreuen. Sie spiegelt die reiche Geschichte und Kultur Bayerns wider und bietet für Einheimische und Besucher gleichermaßen ein unvergessliches kulinarisches Erlebnis. Ob in einem traditionellen Biergarten oder in einem gemütlichen Gasthaus, die bayerische Küche ist ein Genuss, der bei einem Besuch in Bayern nicht fehlen sollte.

1. Bayerisch - Bavarian
2. Biergarten - Beer Garden
3. Brezeln - Pretzels
4. Deftig - Hearty, Robust
5. Fermentiert - Fermented
6. Gaumenfreuden - Culinary Delights
7. Gemütlich - Cozy, Comfortable
8. Krautsalat - Coleslaw
9. Kulinarisch - Culinary
10. Leckereien - Treats, Delicacies
11. Radi - Radish (specifically a type of large white radish)

12. Sauerkraut - Sauerkraut
13. Schweinebraten - Roast Pork
14. Vesper - Snack, Light Meal (in this context, Bavarian snack)
15. Weißwurst - White Sausage

11. Münchens Nachtleben genießen

Nach einem Tag voller Einkauf und Erkundungen beschlossen John und Joan, Münchens Nachtleben zu erleben. Sie begannen ihren Abend mit der Suche nach einem lokalen Restaurant für das Abendessen. "Ich habe Lust auf etwas Traditionelles", sagte John, während sie durch die Straßen schlenderten. Sie fanden ein gemütliches bayerisches Lokal und entschieden sich, dort zu essen.

Im Restaurant angekommen, bestellten sie typisch deutsche Gerichte. Joan wählte Schweinebraten mit Knödeln, während John sich für ein saftiges Wiener Schnitzel entschied. Dazu probierten sie einige deutsche Bierspezialitäten. „Dieses Weißbier ist wirklich gut", bemerkte Joan, nachdem sie einen Schluck genommen hatte.

Nach dem Essen machten sie sich auf den Weg zu einem beliebten Ausgehviertel. Die Straßen waren belebt mit Menschen, die die Nacht genossen. Sie hörten Musik aus den Bars und sahen Leute, die sich unterhielten und lachten.

Ihr nächster Halt war ein traditioneller Biergarten. Die Atmosphäre war lebhaft, mit live gespielter bayerischer Musik. Sie fanden einen Tisch und bestellten ein großes Maß Bier. Während sie das kühle Getränk genossen, hörten sie der Band zu, die Volksmusik spielte.

Plötzlich begannen einige Gäste zu einem bayerischen Volkstanz aufzustehen. Joan zog John lachend auf die Tanzfläche. Obwohl sie anfangs zögerlich waren, fanden sie bald Spaß am Tanzen. Sie lachten und drehten sich im Rhythmus der Musik.

Während des Abends kamen sie mit Einheimischen und anderen Touristen ins Gespräch. Sie tauschten Geschichten und Tipps für ihren Aufenthalt in München aus. „Die Leute hier sind so freundlich", sagte Joan zu John.

Nach dem Biergarten besuchten sie einen modernen Nachtclub. Die Musik war eine Mischung aus aktuellen Hits und elektronischer Musik. Sie tanzten und genossen die energiegeladene Atmosphäre.

Zwischendurch probierten sie verschiedene bayerische Snacks an einem Imbissstand. „Diese Käsespätzle sind köstlich", sagte John, während er einige davon aß.

Später am Abend entschieden sie, einige deutsche Weine zu probieren. In einer gemütlichen Weinbar verkosteten sie unterschiedliche Sorten und unterhielten sich über ihre Favoriten.

Sie genossen die lebhafte Atmosphäre auf den Straßen, während sie durch die Stadt schlenderten. Überall waren Menschen, die lachten, redeten und die Nacht genossen.

Vor der Rückkehr ins Hotel machten sie einen späten Spaziergang durch die Stadt. Die Lichter der Stadt spiegelten sich im ruhigen Wasser der Isar. Sie hielten an, um einige nächtliche Fotos von München zu machen, die Straßen und Gebäude waren wunderschön beleuchtet.

Während sie zurück zum Hotel gingen, reflektierten sie über die kulturellen Unterschiede im Nachtleben, die sie erlebt hatten. „Es ist interessant zu sehen, wie die Menschen hier ihre Abende verbringen", sagte Joan.

Zurück im Hotel fühlten sie sich müde, aber glücklich über ihre Erfahrungen in der Nacht. Sie hatten das traditionelle und moderne Nachtleben von München genossen und freuten sich darauf, am nächsten Tag mehr von der Stadt zu sehen.

1. Abendessen - Dinner
2. Ausgehviertel - Nightlife District
3. Bayerisch - Bavarian
4. Bierspezialitäten - Beer Specialties
5. Einkauf - Shopping
6. Erkundungen - Explorations
7. Gemütlich - Cozy, Comfortable
8. Käsespätzle - Cheese Spätzle (a traditional German noodle dish)
9. Lebhaft - Lively
10. Maß Bier - Liter of Beer
11. Nachtleben - Nightlife

12. Schnitzel - Schnitzel
13. Schweinebraten - Roast Pork
14. Tanzfläche - Dance Floor
15. Weißbier - Wheat Beer

Münchens Nachtleben: Eine Welt voller Vielfalt und Unterhaltung

München, bekannt für sein kulturelles Erbe und seine historischen Sehenswürdigkeiten, bietet auch ein lebhaftes und vielfältiges Nachtleben. Von gemütlichen Biergärten bis hin zu modernen Nachtclubs – die Stadt hat für jeden Geschmack etwas zu bieten.

Traditionelle Biergärten und Kneipen

Ein wesentlicher Bestandteil des Münchner Nachtlebens sind die traditionellen Biergärten. Hier können Einheimische und Besucher in geselliger Runde unter Kastanienbäumen sitzen, bayerisches Bier genießen und typische bayerische Speisen wie Brezeln, Obatzda und Haxn probieren. Die Atmosphäre in diesen Biergärten ist entspannt und freundlich, was sie zu einem idealen Ort für einen gemütlichen Abend macht.

Neben den Biergärten gibt es in München auch zahlreiche Kneipen und Bars, die eine breite Palette an Getränken und oft auch Live-Musik bieten. Von traditionellen bayerischen Kneipen bis hin zu modernen Cocktailbars – die Vielfalt ist groß.

Nachtclubs und Diskotheken

Für diejenigen, die lieber tanzen und bis in die frühen Morgenstunden feiern möchten, bietet München eine Vielzahl von Nachtclubs und Diskotheken. In diesen Clubs spielen DJs aktuelle Hits sowie elektronische Musik, und die Tanzflächen sind oft voll mit Menschen, die bis in die Nacht hinein tanzen.

Kulturelle Veranstaltungen und Theater

Münchens Nachtleben umfasst auch eine reiche kulturelle Szene. Es gibt viele Theater, Opernhäuser und Konzertsäle, die eine Vielzahl von Aufführungen bieten, von klassischer Musik und

Oper bis hin zu modernem Theater und Kabarett. Diese Veranstaltungen bieten eine ausgezeichnete Möglichkeit, einen eleganten und kulturell bereichernden Abend in München zu verbringen.

Live-Musik und Jazzclubs

Für Musikliebhaber hat München viel zu bieten, insbesondere wenn es um Live-Musik geht. In der Stadt gibt es mehrere Jazzclubs, in denen regelmäßig Konzerte stattfinden. Auch Liebhaber anderer Musikrichtungen kommen auf ihre Kosten, denn in München treten häufig Bands und Musiker aus aller Welt auf.

Kulinarische Genüsse in der Nacht

Das Nachtleben in München ist auch kulinarisch vielfältig. Viele Restaurants und Imbisse haben bis spät in die Nacht geöffnet, sodass Besucher auch nach Mitternacht noch eine Mahlzeit oder einen Snack genießen können. Von traditioneller bayerischer Küche bis hin zu internationalen Gerichten – die Auswahl ist groß.

Sicherheit in der Nacht

Eines der besten Merkmale des Münchner Nachtlebens ist das hohe Maß an Sicherheit. Die öffentlichen Verkehrsmittel sind auch nachts verfügbar, und die Stadt ist generell sicher und gut beleuchtet, was es einfach macht, auch spät abends unterwegs zu sein.

Fazit

Münchens Nachtleben ist so vielfältig und lebendig wie die Stadt selbst. Ob man in einem Biergarten entspannen, in einem Club tanzen, ein Konzert besuchen oder einfach nur durch die belebten Straßen schlendern möchte – München bietet nach Einbruch der Dunkelheit unzählige Möglichkeiten. Jeder Besuch in der bayerischen Hauptstadt sollte auch die Erfahrung des Münchner Nachtlebens beinhalten, um die Stadt in all ihrer Vielfalt zu erleben.

1. Bayerisch - Bavarian
2. Biergärten - Beer Gardens
3. Diskotheken - Nightclubs, Discos
4. Elegant - Elegant
5. Gesellig - Sociable, Convivial
6. Haxn - Knuckles (in the context of pork knuckles)
7. Kastanienbäume - Chestnut Trees
8. Kneipen - Pubs
9. Kulinarisch - Culinary
10. Live-Musik - Live Music
11. Nachtleben - Nightlife
12. Obatzda - Bavarian Cheese Delicacy
13. Opernhäuser - Opera Houses
14. Vielfältig - Diverse, Varied
15. Weißbier - Wheat Beer

12. Die Therme Erding

Nach einigen Tagen voller Erkundungen und Entdeckungen in München beschlossen John und Joan, einen Tag in der Therme Erding zu verbringen, um sich zu entspannen und neue Energie zu tanken. Sie planten, den Tag in einem der größten Thermalbäder Europas zu genießen.

Früh am Morgen machten sie sich auf den Weg zum Bahnhof, um den Zug nach Erding zu nehmen. „Ich freue mich schon so auf das Thermalbad", sagte Joan, während sie auf den Zug warteten. „Ja, ein Tag zum Entspannen wird uns guttun", stimmte John zu.

In Erding angekommen, machten sie sich auf den kurzen Weg zur Therme. Beim Betreten der Anlage waren sie beeindruckt von der Größe und der schönen Gestaltung des Spas. Sie begannen ihren Tag mit einem Spaziergang durch die verschiedenen Thermalbecken, wobei sie die warmen und entspannenden Gewässer genossen.

Einer der Höhepunkte war der Besuch der Wasserrutschen. Trotz ihres Entspannungsplans konnten sie der Versuchung nicht widerstehen, ein wenig Spaß zu haben. Joan lachte laut, als sie die Rutsche hinuntersauste, gefolgt von John, der genauso viel Freude hatte.

Danach zogen sie sich in den Saunabereich zurück. Sie probierten verschiedene Saunen aus, jede mit einer einzigartigen Atmosphäre und Aroma. Die Hitze und Ruhe halfen ihnen, sich vollkommen zu entspannen und den Alltagsstress hinter sich zu lassen.

Während des Tages gönnten sie sich auch einige Spa-Behandlungen. Joan entschied sich für eine Gesichtsbehandlung, während John eine entspannende Massage genoss. Beide fühlten sich danach erfrischt und verjüngt.

Zum Mittagessen kehrten sie ins Spa-Café ein. Sie wählten leichte und gesunde Gerichte, die perfekt zu ihrem Entspannungstag passten. „Dieser Salat ist wirklich lecker und frisch", bemerkte Joan, während sie aßen.

Eines ihrer Lieblingserlebnisse war das Schwimmen im Salzwasserpool. Das Gefühl des Schwebens im Wasser war unglaublich beruhigend. Sie verbrachten dort eine lange Zeit, entspannten sich und genossen das Gefühl der Schwerelosigkeit.

Später besuchten sie den Außenthermengarten, wo sie inmitten wunderschöner Pflanzen und Blumen in den warmen Becken entspannten. John nahm sich Zeit, um ein gutes Buch zu lesen, während Joan die ruhige Umgebung genoss.

Während des Tages diskutierten sie, welcher Teil der Therme ihr Favorit war. „Ich liebe die Saunen", sagte John. „Und ich den Salzwasserpool", fügte Joan hinzu.

Bevor sie die Therme verließen, kauften sie einige Spa-Produkte als Erinnerung an ihren entspannenden Tag. Joan wählte ein Aromatherapie-Öl, und John entschied sich für eine entspannende Kräuterlotion.

Am späten Nachmittag kehrten sie nach München zurück. Sie fühlten sich entspannt und erneuert nach ihrem Tag in der Therme Erding.

1. Erkundungen - Explorations
2. Entdeckungen - Discoveries
3. Thermalbad - Thermal bath
4. Gewässer - Waters
5. Wasserrutschen - Water slides
6. Saunabereich - Sauna area
7. Atmosphäre - Atmosphere
8. Alltagsstress - Everyday stress
9. Gesichtsbehandlung - Facial treatment
10. erfrischt - refreshed
11. verjüngt - rejuvenated
12. Salzwasserpool - Saltwater pool
13. Schwerelosigkeit - Weightlessness
14. Aromatherapie-Öl - Aromatherapy oil
15. Kräuterlotion - Herbal lotion

13. Vom Stachus zur Frauenkirche

John und Joan hatten für den nächsten Tag in München geplant, einige der berühmtesten Sehenswürdigkeiten der Stadt zu erkunden. Ihr erstes Ziel war der Stachus, ein belebter Platz im Herzen Münchens, der auch als Karlsplatz bekannt ist.

Als sie am Stachus ankamen, waren sie sofort von der lebhaften Atmosphäre fasziniert. „Schau dir all die Leute und die Straßenbahn an", sagte Joan begeistert. Sie bewunderten das Karlstor, das alte Stadttor, und die schönen Gebäude, die den Platz umgaben.

Von dort aus schlenderten sie in die Fußgängerzone, die sich vom Stachus bis zum Marienplatz erstreckt. Die Straße war gesäumt von Geschäften, Cafés und Restaurants. „Hier könnte ich den ganzen Tag verbringen", sagte John lachend, während sie an Schaufenstern vorbeigingen und gelegentlich in einen Laden hineinschauten.

Während ihres Spaziergangs durch die Fußgängerzone hielten sie an, um einige bayerische Leckereien zu probieren. Joan kaufte eine Portion frisch gebackener Brezeln, und John entschied sich für eine süße Schnecke. „Diese Brezeln sind einfach köstlich", sagte Joan, während sie in eine biss.

Ihr nächstes Ziel war die Frauenkirche, eine der bekanntesten Kirchen Münchens. Als sie die Kirche erreichten, waren sie beeindruckt von deren Größe und der beeindruckenden Architektur. Sie traten ein und waren sofort von der Ruhe und dem friedlichen Ambiente im Inneren ergriffen. Die hohen Decken und die bunten Glasfenster zogen ihre Blicke auf sich.

„Es ist so ruhig und schön hier", flüsterte Joan. Sie nahmen sich Zeit, um die Kirche zu erkunden und die Geschichte und Kunstwerke zu bewundern. In einer stillen Ecke zündeten sie Kerzen an und nahmen sich einen Moment Zeit für ihre Gedanken.

Nach dem Besuch der Kirche setzten sie ihren Spaziergang durch die Stadt fort. Sie entdeckten einige charmante Boutiquen und kauften ein paar Souvenirs und Geschenke für ihre Familie und Freunde zu Hause.

Gegen Mittag kehrten sie in ein kleines Café ein, um eine Pause einzulegen. Während sie ihren Kaffee tranken, beobachteten sie das Treiben auf den Straßen und reflektierten über ihre Erlebnisse in München. „Es gibt hier so viel zu sehen und zu tun", sagte John.

Nach ihrer Pause setzten sie ihre Erkundungstour fort. Sie bummelten durch weitere Straßen, bewunderten die Architektur und genossen die lebendige Atmosphäre der Stadt.

Als der Tag zu Ende ging, kehrten sie zurück in die Nähe des Stachus, um ein Abendessen zu genießen. Sie fanden ein traditionelles bayerisches Restaurant und ließen sich zu einem herzhaften Abendessen nieder. „Das war ein perfekter Tag", sagte Joan, während sie auf ihr Schnitzel blickte.

Nach dem Abendessen machten sie einen letzten Spaziergang durch die Stadt. Die Lichter der Stadt waren eingeschaltet, und die Straßen waren beleuchtet, was eine magische Atmosphäre schuf. Sie machten Fotos als Erinnerung an ihren wunderbaren Tag.

1. Atmosphäre - Atmosphere
2. Brezeln - Pretzels
3. Fußgängerzone - Pedestrian zone
4. Geschäfte - Shops
5. Karlstor - Karl's Gate
6. Kerzen - Candles
7. Leckereien - Delicacies
8. Marienplatz - Marienplatz (central square in Munich)
9. Schaufenster - Shop windows
10. Schnecke - Snail (in this context, a sweet pastry)
11. Sehenswürdigkeiten - Sights
12. Souvenirs - Souvenirs
13. Stachus - Stachus (Karlsplatz, a large square in Munich)
14. Straßenbahn - Tram
15. Traditionelles - Traditional

Die Frauenkirche in München: Ein Wahrzeichen mit Geschichte

Die Frauenkirche, offiziell als Dom zu Unserer Lieben Frau bekannt, ist nicht nur eines der bekanntesten Wahrzeichen Münchens, sondern auch ein bedeutendes Symbol der bayerischen Landeshauptstadt. Dieses beeindruckende gotische Bauwerk prägt nicht nur die Skyline Münchens, sondern birgt auch eine reiche Geschichte und viele Geschichten.

Geschichtlicher Hintergrund

Die Frauenkirche wurde in der zweiten Hälfte des 15. Jahrhunderts erbaut, genauer zwischen 1468 und 1488. Sie wurde auf den Überresten älterer Kirchen errichtet und hat seitdem eine zentrale Rolle in der religiösen und kulturellen Geschichte Münchens gespielt. Die Kirche diente nicht nur als Ort der Anbetung, sondern auch als wichtige Stätte für gesellschaftliche und königliche Ereignisse.

Architektur und Design

Die Architektur der Frauenkirche ist beeindruckend. Die Kirche wurde im Stil der späten Gotik erbaut und ist berühmt für ihre charakteristischen Zwiebeltürme, die man schon von weitem sehen kann. Die beiden Türme sind etwa 99 Meter hoch, wobei der Südturm für die Öffentlichkeit zugänglich ist und einen atemberaubenden Blick über München bietet.

Das Innere der Kirche ist ebenso beeindruckend. Die Hallenkirche besitzt ein dreischiffiges Langhaus, ein Querschiff und einen Chor mit umlaufendem Umgang. Trotz der enormen Größe der Kirche – sie kann bis zu 20.000 Menschen aufnehmen – ist das Innere schlicht gehalten, was der spirituellen Atmosphäre des Ortes eine besondere Ruhe verleiht.

Kunstwerke und Legenden

In der Frauenkirche befinden sich zahlreiche Kunstwerke, darunter Altäre, Skulpturen und Fenster. Eines der bekanntesten Kunstwerke ist das "Teufelstritt" oder Teufelsfußabdruck, der am Eingang der Kirche zu finden ist. Um diesen Abdruck rankt sich eine berühmte Legende: Der Teufel soll den Bau der Kirche besichtigt haben und sich darüber lustig gemacht haben, dass sie keine Fenster hat. In Wahrheit waren die Fenster vom Eingang aus nicht sichtbar, und der Teufel fühlte sich betrogen, als er das entdeckte.

Die Kirche heute

Heute ist die Frauenkirche nicht nur ein Ort für Gottesdienste und spirituelle Ruhe, sondern auch eine Touristenattraktion. Besucher kommen aus aller Welt, um die Architektur zu bewundern und mehr über die Geschichte und Legenden der Kirche zu erfahren.

Die Frauenkirche hat im Laufe der Jahre auch schwierige Zeiten erlebt, insbesondere während des Zweiten Weltkriegs, als sie stark beschädigt wurde. Die Restaurierung der Kirche war ein Symbol für den Wiederaufbau und die Widerstandsfähigkeit Münchens nach dem Krieg.

Fazit

Die Frauenkirche ist mehr als nur ein Kirchengebäude; sie ist ein historisches Wahrzeichen, das tief in der Kultur und Geschichte Münchens verwurzelt ist. Ein Besuch dieser Kirche bietet nicht nur einen Einblick in die gotische Architektur, sondern auch in die Traditionen und Legenden, die die bayerische Hauptstadt geprägt haben. Die Frauenkirche ist ein Muss für jeden Besucher Münchens und bleibt ein fester Bestandteil des kulturellen Erbes der Stadt.

1. Anbetung - Worship
2. Architektur - Architecture
3. Bauwerk - Building
4. Chor - Choir (in architectural context, the area of a church near the altar)
5. Dom - Cathedral
6. Ereignisse - Events
7. Gotik - Gothic
8. Hallenkirche - Hall church

9. Kunstwerke - Artworks
10. Legende - Legend
11. Querschiff - Transept
12. Restaurierung - Restoration
13. Teufelsfußabdruck - Devil's footprint
14. Umgang - Ambulatory
15. Wahrzeichen - Landmark

14. Floßfahrt auf der Isar

John und Joan hatten sich für ihren nächsten Tag in München etwas Besonderes vorgenommen: eine Floßfahrt auf der Isar. Sie hatten schon viel über diese traditionelle bayerische Aktivität gehört und freuten sich darauf, den Fluss auf eine ganz andere Art zu erleben.

Am frühen Morgen machten sie sich auf den Weg zum Treffpunkt, wo die Floßfahrt beginnen sollte. „Ich kann es kaum erwarten, die Isar vom Floß aus zu sehen", sagte Joan aufgeregt, während sie auf den Bus warteten, der sie zum Startpunkt bringen sollte.

Als sie am Fluss ankamen, wurden sie von der malerischen Szenerie begrüßt. Das Wasser glitzerte in der Sonne, und die umliegenden grünen Wälder boten eine atemberaubende Kulisse. Sie bestiegen das große Floß, das traditionell aus Holz gebaut war und Platz für eine Gruppe von Menschen bot.

„Das ist ja wie ein großes Abenteuer", sagte John lachend, als das Floß zu treiben begann. Die Floßfahrt war entspannend und zugleich aufregend, da sie den Fluss und die Natur aus einer ganz neuen Perspektive erlebten.

Während der Fahrt spielte eine bayerische Kapelle auf dem Floß traditionelle Musik. Die fröhlichen Melodien schufen eine ausgelassene Stimmung, und bald begannen einige der anderen Passagiere zu tanzen. „Sollen wir auch tanzen?", fragte Joan. Ohne zu zögern, nahm John ihre Hand, und sie reihten sich in den fröhlichen Tanz ein.

Die Landschaft entlang der Isar war wunderschön. Sie fuhren an malerischen Dörfern, üppigen Wäldern und grünen Wiesen vorbei. An ruhigeren Stellen des Flusses konnten sie Vögel beobachten und die Stille der Natur genießen.

Zum Mittagessen wurde auf dem Floß eine typisch bayerische Brotzeit serviert. Sie genossen Leberkäse, Obatzda, Brezeln und natürlich ein frisches bayerisches Bier. „Das Essen schmeckt im

Freien gleich doppelt so gut", sagte Joan, während sie einen Bissen von ihrer Brezel nahm.

Während der Fahrt kamen sie mit einigen Einheimischen ins Gespräch, die ihnen Geschichten über die Tradition der Floßfahrten erzählten. Sie erfuhren, dass diese Fahrten eine lange Geschichte haben und früher zum Transport von Waren genutzt wurden.

Am späten Nachmittag erreichte das Floß sein Ziel. Sie stiegen aus und fühlten sich erfrischt und erfüllt von den Eindrücken des Tages. „Das war eine einzigartige Erfahrung", sagte John, während sie zurück zum Bus gingen.

Auf der Rückfahrt nach München reflektierten sie über ihre Erlebnisse während der Floßfahrt. „Es war so friedlich auf dem Wasser, und die Musik und das Tanzen haben so viel Spaß gemacht", sagte Joan.

Zurück in München, genossen sie ein letztes Abendessen in der Stadt. Sie wählten ein gemütliches Restaurant in der Nähe ihres Hotels und ließen den Tag Revue passieren. „München hat uns so viel geboten", sagte John. „Ja, diese Reise werde ich nie vergessen", fügte Joan hinzu.

Nach dem Abendessen spazierten sie ein letztes Mal durch die nächtlichen Straßen Münchens. Die Stadt war belebt, und die Lichter der Geschäfte und Restaurants schufen eine warme Atmosphäre. Sie machten noch einige Fotos als Erinnerung an ihre Zeit in München.

1. Abenteuer - Adventure
2. Bayerische Kapelle - Bavarian band
3. Brotzeit - Bavarian snack
4. Floß - Raft
5. Floßfahrt - Rafting trip
6. Isar - Isar (river in Bavaria)
7. Kulisse - Backdrop
8. Leberkäse - Meatloaf (Bavarian specialty)
9. Malerisch - Picturesque

10. Obatzda - Bavarian cheese delicacy
11. Perspektive - Perspective
12. Szenerie - Scenery
13. Treffpunkt - Meeting point
14. Üppig - Lush
15. Wiesen - Meadows

15. Ausflug zum Chiemsee

Nach ihrem erlebnisreichen Aufenthalt in München entschieden sich John und Joan für einen Tagesausflug zum Chiemsee, auch bekannt als das "Bayerische Meer". Sie hatten geplant, mit der Prien Dampfbahn zu fahren, mit einem Schiff zur Herreninsel überzusetzen, den dortigen Palast zu besichtigen und anschließend die Fraueninsel zu erkunden.

Am frühen Morgen verließen sie ihr Hotel in München und nahmen einen Zug nach Prien am Chiemsee. „Ich habe gelesen, dass die Dampfbahn von Prien bis zum Hafen fährt. Das wird bestimmt eine schöne Fahrt", sagte Joan, während sie aus dem Zugfenster auf die vorbeiziehende Landschaft blickte.

In Prien angekommen, bestiegen sie die historische Dampfbahn. Die nostalgische Fahrt war für beide ein besonderes Erlebnis. „Es fühlt sich an, als wären wir in einer anderen Zeit", sagte John, als sie durch die malerische Landschaft tuckerten.

Am Hafen angekommen, nahmen sie das Schiff zur Herreninsel. Die Überfahrt bot ihnen herrliche Ausblicke auf den See und die umliegenden Berge. „Schau, man kann die Alpen sehen", rief Joan aus, während sie auf die majestätischen Berge in der Ferne deutete.

Auf der Herreninsel angekommen, machten sie sich auf den Weg zum berühmten Schloss Herrenchiemsee. Das Schloss, erbaut von König Ludwig II., war beeindruckend in seiner Größe und Pracht. Sie bewunderten die prächtigen Räume, die Spiegelgalerie und die kunstvollen Gärten. „Es ist unglaublich, wie luxuriös das alles ist", bemerkte John.

Nach der Schlossbesichtigung genossen sie ein Picknick im Schlosspark. Sie saßen auf einer Wiese, umgeben von der Schönheit der Natur und der Eleganz des Schlosses. „Das ist der perfekte Ort für ein Picknick", sagte Joan, während sie die Ruhe genossen.

Am Nachmittag setzten sie ihre Reise fort und fuhren mit dem Schiff zur Fraueninsel. Die kleine Insel war charmant mit ihren engen Gassen, bunten Häusern und dem malerischen Kloster. Sie schlenderten durch die Gassen, besuchten kleine Geschäfte und das Kloster.

„Diese Insel ist so friedlich und wunderschön", sagte Joan. Sie nahmen an einer Führung im Kloster teil und erfuhren mehr über die Geschichte und das Leben der Nonnen dort.

Später am Tag kehrten sie in eines der kleinen Cafés der Insel ein. Sie genossen Kaffee und Kuchen, während sie auf den See blickten. „Das ist der perfekte Abschluss für unseren Ausflug", sagte John.

Als die Sonne zu sinken begann, nahmen sie das letzte Schiff zurück zum Festland. Auf der Rückfahrt reflektierten sie über ihren Tag am Chiemsee. „Der Besuch des Schlosses und der Inseln war wirklich einzigartig", sagte Joan.

Zurück in Prien, nahmen sie den Zug zurück nach München. Während der Fahrt teilten sie ihre Fotos und Eindrücke des Tages. Sie waren sich einig, dass der Chiemsee und seine Inseln ein Höhepunkt ihrer Reise waren.

Zurück in München, genossen sie ein spätes Abendessen in einem lokalen Restaurant. Sie sprachen über ihre Erlebnisse und planten ihre letzte Nacht in der Stadt. Erschöpft, aber zufrieden kehrten sie in ihr Hotel zurück.

1. Ausflug - Excursion
2. Besichtigen - To visit/view
3. Dampfbahn - Steam train
4. Eindrücke - Impressions
5. Erlebnisreich - Eventful
6. Führung - Guided tour
7. Gärten - Gardens
8. Herreninsel - Herren Island
9. Historisch - Historical
10. Kloster - Monastery
11. Malerisch - Picturesque
12. Nostalgisch - Nostalgic
13. Picknick - Picnic

Herrenchiemsee: Ein Königliches Schloss auf einer Idyllischen Insel

Herrenchiemsee, ein prachtvolles Schloss auf der gleichnamigen Insel im Chiemsee, Bayern, ist eines der beeindruckendsten Bauwerke König Ludwigs II. von Bayern. Dieses Schloss, das oft als das „bayerische Versailles" bezeichnet wird, zieht mit seiner majestätischen Architektur und der malerischen Lage jährlich zahlreiche Besucher an.

Die Entstehung von Herrenchiemsee

König Ludwig II., bekannt für seine Liebe zu prachtvollen und extravaganten Bauwerken, ließ das Schloss Herrenchiemsee als Hommage an den französischen König Ludwig XIV. und das Schloss von Versailles errichten. Der Bau begann im Jahr 1878, wurde jedoch nach Ludwigs Tod im Jahr 1886 nie vollendet. Trotzdem zählt Herrenchiemsee zu den wichtigsten und beeindruckendsten Sehenswürdigkeiten in Bayern.

Die Architektur des Schlosses

Die Architektur von Herrenchiemsee ist geprägt von prunkvollen Räumen, kunstvollen Verzierungen und einer opulenten Ausstattung. Besonders bemerkenswert sind der Große Spiegelsaal, die prächtigen Schlafzimmer und die großzügigen Empfangshallen, die alle im Stil des französischen Rokoko gestaltet sind. Die detailreichen Wandmalereien, die üppigen Kronleuchter und die kunstvoll gestalteten Möbel zeugen von dem extravaganten Geschmack König Ludwigs II.

Die Gärten von Herrenchiemsee

Die Schlossgärten sind ebenso beeindruckend wie das Schloss selbst. Sie sind im Stil französischer Barockgärten gehalten und bieten eine perfekte Kombination aus kunstvollen Blumenbeeten, symmetrischen Wegen und dekorativen

Wasserfontänen. Die Gärten bieten einen herrlichen Blick auf das Schloss und laden zum Spazieren und Verweilen ein.

Ein Besuch auf der Insel Herrenchiemsee

Die Anreise zum Schloss Herrenchiemsee ist bereits ein Erlebnis für sich. Die Insel ist nur per Boot erreichbar, was der Reise einen besonderen Charme verleiht. Während der Überfahrt genießen Besucher den wunderschönen Blick auf den Chiemsee und die umliegende Berglandschaft.

Das Museum und die Ausstellungen

Im Schloss befindet sich auch ein Museum, das dem Leben und Wirken König Ludwigs II. gewidmet ist. Besucher können hier mehr über den „Märchenkönig" und seine anderen berühmten Bauwerke, wie Neuschwanstein und Linderhof, erfahren. Zudem werden in Herrenchiemsee regelmäßig Sonderausstellungen zu verschiedenen Themen veranstaltet.

Fazit

Herrenchiemsee ist ein Ort von historischer und kultureller Bedeutung, der Besucher aus aller Welt anzieht. Die Kombination aus der beeindruckenden Architektur des Schlosses, den wunderschönen Gärten und der idyllischen Lage auf einer Insel macht Herrenchiemsee zu einem unvergesslichen Erlebnis. Es ist ein Zeugnis der Kreativität und des außergewöhnlichen Geschmacks König Ludwigs II. und bietet einen einzigartigen Einblick in die bayerische Geschichte und Kultur.

1. Architektur - Architecture
2. Ausstattung - Furnishing
3. Bauwerke - Buildings
4. Blumenbeete - Flower beds
5. Empfangshallen - Reception halls
6. Extravagant - Extravagant
7. Gärten - Gardens
8. Hommage - Homage
9. Idyllisch - Idyllic
10. Kronleuchter - Chandeliers

11. Majestätisch - Majestic
12. Malerisch - Picturesque
13. Opulent - Opulent
14. Prachtvoll - Magnificent
15. Verzierungen - Decorations

16. Ausflug nach Augsburg

John und Joan, die ihre Zeit in München sehr genossen hatten, entschieden sich für einen Tagesausflug nach Augsburg. Augsburg, bekannt für seine reiche Geschichte und wunderschöne Architektur, war der perfekte Ort, um ihre Reise in Bayern abzurunden.

Früh am Morgen verließen sie ihr Hotel und nahmen einen Zug nach Augsburg. Während der Fahrt unterhielten sie sich aufgeregt über das, was sie an diesem Tag erleben würden. „Ich habe gelesen, dass Augsburg eine der ältesten Städte Deutschlands ist", sagte Joan. „Ja, und es hat eine faszinierende römische Geschichte", fügte John hinzu.

In Augsburg angekommen, begannen sie ihren Tag mit einem Stadtrundgang. Die Straßen von Augsburg waren voller historischer Gebäude, charmanten Cafés und malerischen Plätzen. Sie schlenderten durch die Altstadt, bewunderten die alten Gebäude und spürten die Geschichte um sich herum.

Ihr erster Halt war das Römermuseum, das sich der römischen Geschichte der Stadt widmete. Im Museum sahen sie viele antike Artefakte, darunter Münzen, Skulpturen und alte Dokumente. „Es ist beeindruckend, wie gut diese Gegenstände erhalten sind", bemerkte John, während sie durch die Ausstellung gingen.

Nach dem Besuch des Museums machten sie sich auf den Weg zur Fuggerei, der ältesten bestehenden Sozialsiedlung der Welt. Sie waren fasziniert von der Geschichte der Fuggerei und ihrer Bedeutung für die Stadt. Die kleinen Häuser und die gepflegten Gärten vermittelten ihnen ein Gefühl von Gemeinschaft und Geschichte.

„Die Fuggerei ist wie eine kleine Stadt in der Stadt", sagte Joan. Sie gingen durch die engen Gassen, betrachteten die kleinen Häuser und lasen über die Lebensweise der Menschen, die dort im Laufe der Jahrhunderte gelebt hatten.

Zum Mittagessen kehrten sie in ein traditionelles Augsburger Restaurant ein. Sie bestellten typische schwäbische Gerichte und genossen ihre Mahlzeit in der gemütlichen Atmosphäre des Restaurants. „Dieses schwäbische Essen ist so herzhaft und lecker", sagte Joan.

Nach dem Mittagessen setzten sie ihre Erkundungstour fort und besuchten einige der berühmten Kirchen Augsburgs, darunter die prachtvolle St. Ulrich und Afra Kirche. Die Architektur und die kunstvollen Innenräume der Kirchen waren beeindruckend.

Am späten Nachmittag machten sie einen entspannten Spaziergang entlang des Lechs, des Flusses, der durch Augsburg fließt. Die Aussicht auf das Wasser und die umliegenden Gebäude war friedlich und malerisch.

Als der Tag zu Ende ging, kehrten sie zurück zum Bahnhof, um den Zug nach München zu nehmen. Auf der Rückfahrt sprachen sie über ihre Erlebnisse in Augsburg. „Es war so interessant, mehr über die römische Geschichte und die Fuggerei zu erfahren", sagte John.

Zurück in München, genossen sie ihr letztes Abendessen in der Stadt. Sie reflektierten über ihre gesamte Reise und die wunderbaren Erfahrungen, die sie gemacht hatten. „Diese Reise war wirklich unglaublich", sagte Joan. „Ja, Bayern hat uns so viel geboten", stimmte John zu.

1. Altstadt - Old town
2. Architektur - Architecture
3. Artefakte - Artifacts
4. Ausflug - Excursion
5. Fuggerei - Fuggerei (social housing complex)
6. Gärten - Gardens
7. Gebäude - Buildings
8. Gemeinschaft - Community
9. Geschichte - History
10. Herzhaft - Hearty
11. Lebensweise - Way of life
12. Malerisch - Picturesque
13. Römische Geschichte - Roman history

Augsburg: Eine Stadt mit reicher Geschichte

Augsburg, eine der ältesten Städte Deutschlands, gelegen in Bayern, hat eine lange und faszinierende Geschichte, die bis in die Zeit der Römer zurückreicht. Als historische Stadt hat Augsburg viele Epochen durchlebt und präsentiert sich heute als ein Ort, der seine Vergangenheit ehrt, während er gleichzeitig in die Zukunft blickt.

Die Römische Gründung und das Mittelalter

Die Geschichte Augsburgs beginnt im Jahr 15 v. Chr., als die Römer eine Siedlung namens Augusta Vindelicorum gründeten. Diese Siedlung entwickelte sich schnell zu einem wichtigen Handelszentrum. Im Mittelalter wurde Augsburg zu einer freien Reichsstadt und spielte eine wichtige Rolle im Heiligen Römischen Reich.

Im Mittelalter erlebte Augsburg auch eine Blütezeit des Handels und des Handwerks. Die Fugger und Welser, zwei der mächtigsten und reichsten Kaufmannsfamilien Europas, waren in Augsburg ansässig. Ihr Einfluss und Reichtum trugen maßgeblich zur wirtschaftlichen und kulturellen Entwicklung der Stadt bei.

Die Reformation und ihre Folgen

Im 16. Jahrhundert spielte Augsburg eine Schlüsselrolle in der Reformation. 1530 wurde das Augsburger Bekenntnis, eine der wichtigsten Schriften der protestantischen Reformation, hier vorgelegt. Die Stadt wurde auch zum Schauplatz des Augsburger Religionsfriedens von 1555, der einen vorläufigen Frieden zwischen Katholiken und Protestanten im Heiligen Römischen Reich schaffte.

Das 19. Jahrhundert und die Industrialisierung

Mit dem Eintritt in das 19. Jahrhundert erlebte Augsburg einen bedeutenden Wandel durch die Industrialisierung. Die Textil-

und Maschinenbauindustrie florierte, und Augsburg wurde zu einem der industriellen Zentren Bayerns. Viele der historischen Fabriken und Arbeiterhäuser aus dieser Zeit sind heute noch in der Stadt zu sehen und erzählen von der industriellen Vergangenheit.

Augsburg im Zweiten Weltkrieg

Während des Zweiten Weltkriegs erlitt Augsburg schwere Schäden durch Luftangriffe. Viele historische Gebäude wurden zerstört oder beschädigt. Nach dem Krieg begann der Wiederaufbau der Stadt, bei dem versucht wurde, die historische Architektur zu erhalten und zu restaurieren.

Moderne Entwicklungen

In den letzten Jahrzehnten hat sich Augsburg zu einer modernen und lebendigen Stadt entwickelt. Die Stadt ist bekannt für ihre kulturellen Veranstaltungen, Museen und Universitäten. Trotz der Modernisierung und Entwicklung bewahrt Augsburg sorgfältig sein historisches Erbe, was in den gut erhaltenen mittelalterlichen Straßen und Gebäuden sichtbar ist.

Fazit

Die Geschichte von Augsburg ist geprägt von Wandel und Wachstum. Die Stadt hat wichtige historische Ereignisse erlebt und war Zeuge bedeutender kultureller und wirtschaftlicher Entwicklungen. Heute präsentiert sich Augsburg als eine Stadt, die ihre reiche Vergangenheit ehrt, während sie einen Blick in eine dynamische und vielversprechende Zukunft wirft. Ein Besuch in Augsburg ist somit eine Reise durch die Zeit, die Besucher in die spannende Geschichte Bayerns und Deutschlands eintauchen lässt.

1. Ansässig - Resident
2. Bekenntnis - Confession
3. Blütezeit - Heyday
4. Entwicklung - Development
5. Epoche - Era

6.   Faszinierend - Fascinating
7.   Gründung - Foundation
8.   Handelszentrum - Trading center
9.   Historisch - Historical
10. Industrialisierung - Industrialization
11. Kaufmannsfamilien - Merchant families
12. Kulturell - Cultural
13. Reichsstadt - Imperial city
14. Reformation - Reformation
15. Wiederaufbau - Reconstruction

17. Das Oktoberfest

Nach vielen Tagen voller Erkundungen und Entdeckungen in Bayern hatten John und Joan die Gelegenheit, das berühmte Oktoberfest in München zu besuchen. Es war der Höhepunkt ihrer Reise und sie freuten sich darauf, das größte Volksfest der Welt zu erleben.

Am Morgen des Oktoberfestes machten sie sich früh auf den Weg, um die Menschenmassen zu vermeiden. „Ich habe gehört, dass es hier sehr voll werden kann", sagte John, als sie sich den Festplatz näherten. Die Farben, die Musik und die fröhliche Stimmung empfingen sie bereits von Weitem.

Sie betraten das Festgelände und waren sofort von der Größe und dem Umfang des Festes überwältigt. Überall roch es nach gebrannten Mandeln, Bratwürsten und frisch gebackenen Brezeln. „Es riecht so gut hier", sagte Joan und lächelte.

Ihr erster Halt war eines der großen Festzelte. Sie fanden einen Platz an einem der langen Tische und bestellten ihre ersten Maß Bier. „Prost!", sagten sie und stießen ihre Bierkrüge zusammen. Das Bier schmeckte erfrischend und sie genossen die lebhafte Atmosphäre im Zelt.

Während sie ihr Bier tranken, beobachteten sie die Menschen um sich herum. Viele trugen traditionelle bayerische Trachten – die Männer in Lederhosen und die Frauen in Dirndln. „Wir hätten auch Trachten tragen sollen", sagte Joan lachend.

Bald begann die Musik zu spielen. Eine Blaskapelle spielte traditionelle bayerische Musik und die Stimmung im Zelt stieg. Einige Gäste begannen zu tanzen und John und Joan ließen sich von der fröhlichen Stimmung anstecken.

Nach ihrem Aufenthalt im Festzelt entschieden sie sich, das Festgelände zu erkunden. Sie schlenderten vorbei an Fahrgeschäften, Schießständen und Souvenirständen. John versuchte sein Glück beim Hau den Lukas und Joan kaufte ein Lebkuchenherz mit der Aufschrift „Schatzi".

Sie aßen zu Mittag in einem der vielen Imbissstände. Joan entschied sich für ein halbes Hendl und John für eine Portion Schweinshaxe. „Das Essen ist einfach köstlich", sagte John, während er herzhaft in seine Schweinshaxe biss.

Am Nachmittag probierten sie einige der Fahrgeschäfte aus. Sie lachten und schrien vor Freude, während sie auf der Achterbahn fuhren und im Riesenrad saßen. Von oben hatten sie einen wunderbaren Blick über das gesamte Festgelände.

Als der Abend hereinbrach, kehrten sie in ein anderes Festzelt ein. Dieses Mal entschieden sie sich für ein etwas ruhigeres Zelt, um das Abendessen zu genießen. Sie bestellten bayerische Spezialitäten und ein weiteres Maß Bier.

Während des Abendessens sprachen sie über ihre Erlebnisse auf dem Oktoberfest. „Es ist so anders als alles, was wir bisher erlebt haben", sagte Joan. „Ja, die Atmosphäre hier ist einfach einzigartig", stimmte John zu.

Nach dem Essen machten sie einen letzten Rundgang über das Festgelände. Die Lichter der Fahrgeschäfte und Stände leuchteten hell in der Nacht und die Musik spielte weiter. Sie genossen die ausgelassene Stimmung und die Freude der Menschen um sie herum.

Schließlich, müde aber glücklich, machten sie sich auf den Weg zurück zu ihrem Hotel. „Das war ein unvergesslicher Tag", sagte Joan. „Ja, das Oktoberfest ist wirklich etwas Besonderes", stimmte John zu.

Zurück im Hotel fielen sie müde ins Bett, erfüllt von den Eindrücken und Erlebnissen des Tages. Sie schliefen fest, träumend von der Musik, dem Tanz und der Freude des Oktoberfestes.

1. Achterbahn - Roller coaster
2. Atmosphäre - Atmosphere
3. Blaskapelle - Brass band
4. Brezel - Pretzel

5. Dirndl - Dirndl (traditional Bavarian dress)
6. Erkundungen - Explorations
7. Fahrgeschäfte - Rides
8. Festgelände - Festival grounds
9. Festzelt - Festival tent
10. Gebrannte Mandeln - Roasted almonds
11. Hau den Lukas - High striker (fairground game)
12. Lederhosen - Leather trousers
13. Lebkuchenherz - Gingerbread heart
14. Maß Bier - Liter of beer
15. Schweinshaxe - Pork knuckle

Oktoberfest und Frühlingsfest: Zwei Feste, die München prägen

In München, der bayerischen Landeshauptstadt, sind das Oktoberfest und das Frühlingsfest zwei der bedeutendsten und größten Volksfeste. Während das weltberühmte Oktoberfest alljährlich Millionen von Besuchern anzieht, bietet das Frühlingsfest als kleineres Pendant ebenfalls viel Spaß und Unterhaltung im traditionellen bayerischen Stil.

Oktoberfest: Das größte Volksfest der Welt

Das Oktoberfest, oft einfach „Wiesn" genannt, findet jedes Jahr von Ende September bis Anfang Oktober statt. Es begann im Jahr 1810 als Feier zur Hochzeit von Kronprinz Ludwig und Prinzessin Therese von Sachsen-Hildburghausen. Heute ist das Fest eine globale Attraktion, die Besucher aus aller Welt anlockt.

Auf dem Festgelände, der Theresienwiese, stehen große Festzelte, die von Münchner Brauereien betrieben werden. In diesen Zelten können Besucher traditionelle bayerische Gerichte wie Hendl (Brathähnchen), Schweinshaxe und Brezeln genießen, während sie literweise Bier trinken. Die Atmosphäre im Zelt ist ausgelassen mit Live-Musik und Gesang.

Das Oktoberfest bietet jedoch mehr als nur Essen und Trinken. Es gibt zahlreiche Fahrgeschäfte, von Achterbahnen bis hin zu nostalgischen Karussells, sowie Spiele und Schießstände. Für

Familien gibt es spezielle Tage mit reduzierten Preisen für Fahrgeschäfte und Attraktionen.

Frühlingsfest: Das kleine Oktoberfest

Das Münchner Frühlingsfest, das häufig als „kleines Oktoberfest" bezeichnet wird, findet jährlich von Ende April bis Anfang Mai statt. Obwohl es weniger bekannt ist, bietet das Frühlingsfest eine ähnliche Erfahrung wie das Oktoberfest, jedoch in einem etwas kleineren und familienfreundlicheren Rahmen.

Auch beim Frühlingsfest gibt es große Bierzelte und eine Vielzahl von traditionellen bayerischen Speisen und Getränken. Die Stimmung ist, ähnlich wie beim Oktoberfest, fröhlich und ausgelassen, mit Blasmusik und Volkstänzen.

Neben den Zelten gibt es auch beim Frühlingsfest eine Vielzahl von Fahrgeschäften und Attraktionen für alle Altersgruppen. Das Fest ist besonders bei Einheimischen beliebt, da es weniger überfüllt ist und eine entspanntere Atmosphäre bietet.

Kulturelle Bedeutung der Feste

Sowohl das Oktoberfest als auch das Frühlingsfest sind tief in der bayerischen Kultur verwurzelt. Sie bieten eine Gelegenheit, bayerische Traditionen zu erleben, von Trachten wie Lederhosen und Dirndln bis hin zu regionaler Musik und Tanz. Diese Feste sind nicht nur für Touristen attraktiv, sondern auch ein wichtiger Teil des sozialen Lebens für die Münchner.

Fazit

Das Oktoberfest und das Frühlingsfest sind beides herausragende Ereignisse im Münchner Veranstaltungskalender. Während das Oktoberfest mit seinem internationalen Ruhm das größte Volksfest der Welt ist, bietet das Frühlingsfest eine ähnliche, aber intimere Erfahrung. Beide Feste sind perfekte Gelegenheiten, um in die bayerische Kultur einzutauchen und unvergessliche Momente in München zu erleben.

1. Attraktion - Attraction
2. Bayerisch - Bavarian
3. Brathähnchen (Hendl) - Roast chicken
4. Fahrgeschäfte - Rides
5. Frühlingsfest - Spring Festival
6. Gerichte - Dishes
7. Karussells - Carousels
8. Landeshauptstadt - State capital
9. Live-Musik - Live music
10. Oktoberfest - Oktoberfest
11. Pendant - Counterpart
12. Schweinshaxe - Pork knuckle
13. Theresienwiese - Theresienwiese (Oktoberfest grounds)
14. Traditionell - Traditional
15. Volksfest - Folk festival

18. Münchens Nazi Vergangenheit

John und Joan hatten einen Tag ihrer Reise in München dafür reserviert, um über die dunkle Vergangenheit der Stadt während der Nazi-Zeit zu lernen. Es war ihnen wichtig, diese Seite der Geschichte zu verstehen und zu erkunden, wie München mit seiner Vergangenheit umgeht.

Sie begannen ihren Tag mit einem Besuch im Dokumentationszentrum zur Geschichte des Nationalsozialismus. Das Zentrum befand sich auf dem Gelände des ehemaligen „Braunen Hauses", dem Hauptsitz der NSDAP. „Es ist wichtig, sich an diese Zeit zu erinnern und daraus zu lernen", sagte Joan, als sie das moderne Gebäude betraten.

Im Dokumentationszentrum sahen sie sich verschiedene Ausstellungen an, die den Aufstieg der Nazis, das Leben unter der Diktatur und die Folgen des Zweiten Weltkriegs dokumentierten. Sie lasen persönliche Berichte, sahen historische Fotografien und lernten über die Widerstandsbewegungen gegen das Regime. „Es ist schwer zu begreifen, wie so etwas passieren konnte", sagte John nachdenklich.

Nachdem sie einige Zeit im Dokumentationszentrum verbracht hatten, machten sie sich auf den Weg zu Orten in München, die eine wichtige Rolle in der Nazi-Geschichte gespielt hatten. Ihr erster Halt war der Königsplatz, der für Massenveranstaltungen der Nazis genutzt wurde. Heute ist der Platz ein Ort der Besinnung und des Gedenkens.

Während ihres Spaziergangs kamen sie am „Führerbau" vorbei, wo das Münchner Abkommen unterzeichnet wurde. „Es ist merkwürdig, an einem Ort zu stehen, an dem so viel Geschichte geschrieben wurde", sagte Joan.

Sie besuchten auch das Hofbräuhaus, wo die NSDAP ihre frühen Versammlungen abhielt. Der Kontrast zwischen der heutigen fröhlichen Atmosphäre des Bierhauses und seiner Vergangenheit war auffällig. „Es zeigt, wie Orte ihre Bedeutung über die Zeit verändern können", bemerkte John.

Für das Mittagessen kehrten sie in ein kleines Café ein, wo sie die Möglichkeit hatten, über das Gelernte zu reflektieren. „Es ist so wichtig, sich an die Vergangenheit zu erinnern, um die gleichen Fehler in der Zukunft zu vermeiden", sagte Joan.

Am Nachmittag besuchten sie den Platz der Opfer des Nationalsozialismus, ein Mahnmal für die Opfer des Regimes. Sie verbrachten einige Zeit in Stille, um den Opfern ihren Respekt zu zollen.

Ihr letzter Halt war die Universität München, wo sie die Gedenkstätte für die Weiße Rose besuchten, eine Studentengruppe, die sich gegen das Nazi-Regime auflehnte. „Die Geschichte der Weißen Rose ist so inspirierend", sagte Joan. „Sie erinnert uns daran, dass Mut und Widerstand immer möglich sind", fügte John hinzu.

Am Ende ihres Tages waren John und Joan tief bewegt von allem, was sie gesehen und gelernt hatten. „Heute war ein sehr nachdenklicher Tag", sagte John, als sie sich auf den Weg zurück zum Hotel machten.

Zurück im Hotel sprachen sie weiter über die Bedeutung des Tages und wie wichtig es ist, die Geschichte zu verstehen und zu respektieren. Sie schliefen mit einem tiefen Gefühl der Besinnung und des Respekts für die Geschichte, die München und die Welt geprägt hat.

1. Ausstellungen - Exhibitions
2. Besinnung - Reflection
3. Diktatur - Dictatorship
4. Dokumentationszentrum - Documentation Center
5. Folgen - Consequences
6. Gedenkens - Remembrance
7. Geschichte - History
8. Hauptsitz - Headquarters
9. Mahnmal - Memorial
10. Massenveranstaltungen - Mass events

11. NSDAP - NSDAP National Sozialistische Deutsche Arbeiter Partei: National Socialist German Workers' Party (Nazi Party)
12. Regime - Regime
13. Respekt - Respect
14. Widerstandsbewegungen - Resistance movements
15. Widerstand - Resistance

Der Hitler-Putsch von 1923: Ein Wendepunkt in der deutschen Geschichte

Am 8. November 1923 unternahm Adolf Hitler, der Führer der Nationalsozialistischen Deutschen Arbeiterpartei (NSDAP), einen Putschversuch in München, der als Hitler-Putsch oder Bierkellerputsch bekannt wurde. Dieses Ereignis markierte einen wichtigen Moment in der deutschen Geschichte und hatte weitreichende Folgen für das Land.

Hintergrund des Putsches

In den frühen 1920er Jahren befand sich Deutschland in einer tiefen wirtschaftlichen und politischen Krise. Die Niederlage im Ersten Weltkrieg und die harten Bedingungen des Versailler Vertrags führten zu großer Unzufriedenheit in der Bevölkerung. In dieser Zeit des Umbruchs gewannen extremistische Parteien, darunter die NSDAP, an Zulauf.

Der Ablauf des Putsches

Hitler und seine Anhänger planten, die bayerische Regierung zu stürzen und einen Marsch nach Berlin zu starten, ähnlich dem Marsch auf Rom, der Benito Mussolini an die Macht in Italien brachte. Der Putsch begann am Abend des 8. Novembers in einem Bierkeller in München, wo Hitler eine Rede hielt und seine Absicht, die Macht zu ergreifen, verkündete.

Hitler und seine Anhänger, darunter Erich Ludendorff, ein berühmter General aus dem Ersten Weltkrieg, marschierten am nächsten Tag durch München. Sie hofften, Unterstützung von der Bevölkerung und der Armee zu erhalten, stießen jedoch auf Widerstand der bayerischen Polizei und der Regierung.

Der Putschversuch endete am 9. November mit einem Schusswechsel auf dem Odeonsplatz in München. Hitler wurde festgenommen und der Putsch niedergeschlagen.

Folgen des Putsches

Der gescheiterte Putsch hatte bedeutende Folgen. Hitler wurde zu fünf Jahren Festungshaft verurteilt, von denen er jedoch weniger als ein Jahr absaß. Während seiner Haftzeit schrieb er „Mein Kampf", ein Buch, das seine Ideologie und seine Pläne für Deutschland darlegte.

Der Putschversuch brachte Hitler und die NSDAP nationale Aufmerksamkeit. Obwohl der Putsch selbst fehlschlug, nutzte Hitler die Zeit nach seiner Freilassung, um die NSDAP zu reorganisieren und seine Machtbasis zu stärken. Die Ereignisse des Putsches und die darauffolgenden Jahre trugen dazu bei, den Weg für Hitlers späteren Aufstieg zur Macht zu ebnen.

Erinnerung und Gedenken

Heute erinnert in München wenig an den Hitler-Putsch. Es gibt jedoch einige Gedenkstätten und Informationstafeln, die an die Ereignisse und die Opfer des Putsches erinnern. Der Putsch ist ein dunkles Kapitel in der deutschen Geschichte und wird als Mahnung an die Gefahren von Extremismus und totalitärer Macht betrachtet.

Fazit

Der Hitler-Putsch von 1923 war ein Wendepunkt in der deutschen Geschichte. Er zeigt, wie politische Unruhen und wirtschaftliche Krisen den Weg für extremistische Bewegungen ebnen können. Die Ereignisse in München im Jahr 1923 sind ein wichtiges Beispiel dafür, wie entscheidend es ist, die Demokratie zu verteidigen und gegen totalitäre Bestrebungen zu kämpfen.

1. Anhänger - Followers

2. Bevölkerung - Population
3. Demokratie - Democracy
4. Extremistische Parteien - Extremist parties
5. Festungshaft - Fortress prison
6. Gedenkstätten - Memorials
7. Ideologie - Ideology
8. Marsch - March
9. Niederlage - Defeat
10. Putschversuch - Coup attempt
11. Regierung - Government
12. Schusswechsel - Shootout
13. Totalitäre Macht - Totalitarian power
14. Umbruchszeit - Time of upheaval
15. Widerstand - Resistance

19. Burg Grünwald

Nach vielen Tagen voller Erkundungen in München beschlossen John und Joan, einen ruhigen Tag in der Burg Grünwald zu verbringen, einer historischen Burg am Stadtrand von München. Sie wollten die ruhige Atmosphäre und die Geschichte der Burg genießen.

Am Morgen verließen sie ihr Hotel und nahmen einen Bus, der sie direkt zur Burg Grünwald brachte. Die Fahrt dorthin führte sie durch malerische Landschaften und kleine Dörfer. „Ich freue mich darauf, mehr über die Geschichte der Burg zu erfahren", sagte Joan, während sie aus dem Fenster auf die vorbeiziehende Landschaft blickte.

Als sie an der Burg ankamen, waren sie beeindruckt von der majestätischen Erscheinung des Gebäudes. Die Burg thronte auf einem Hügel und bot einen atemberaubenden Blick auf die umliegenden Wälder und Felder. „Es sieht aus wie aus einem Märchen", bemerkte John.

Sie betraten die Burg und begannen ihre Erkundung. In der Burg gab es verschiedene Ausstellungen, die sich mit der Geschichte der Burg und der Region beschäftigten. Sie sahen alte Rüstungen, Waffen und Gemälde, die das Leben im Mittelalter darstellten. „Es ist faszinierend zu sehen, wie die Menschen damals gelebt haben", sagte Joan.

Während ihres Rundgangs kamen sie auch in den Burghof, einen offenen Platz mit einem herrlichen Blick auf die Landschaft. Sie nahmen sich einen Moment Zeit, um die Ruhe und die Schönheit der Umgebung zu genießen.

Zum Mittagessen kehrten sie in das kleine Café der Burg ein. Während sie aßen, hatten sie einen wunderschönen Blick auf die Landschaft. „Dieser Ort ist so friedlich", sagte John, während er einen Bissen von seinem Sandwich nahm.

Nach dem Mittagessen setzten sie ihre Erkundung fort. Sie bestiegen den Turm der Burg, von wo aus sie einen noch beeindruckenderen Blick auf die Umgebung hatten. „Man kann wirklich weit sehen", sagte Joan, während sie die Aussicht bewunderte.

Im Laufe des Nachmittags spazierten sie durch die Gärten der Burg. Die Gärten waren gut gepflegt und voller bunter Blumen und Pflanzen. Sie genossen die ruhige Atmosphäre und die frische Luft.

Gegen Ende ihres Besuchs besuchten sie den Souvenirladen der Burg. Sie kauften Postkarten und kleine Andenken, um sich an ihren Besuch zu erinnern. „Das wird ein schönes Andenken an unseren Tag hier sein", sagte Joan, während sie eine handgefertigte Keramikfigur betrachtete.

Als der Tag zu Ende ging, machten sie sich auf den Rückweg nach München. Auf der Fahrt zurück sprachen sie über ihre Erlebnisse in der Burg Grünwald. „Es war ein so schöner und entspannender Tag", sagte Joan.

Zurück in München, genossen sie ihr Abendessen in der Stadt. Sie sprachen über ihre gesamte Reise, die Orte, die sie besucht hatten, und die Erinnerungen, die sie geschaffen hatten. „München und seine Umgebung haben so viel zu bieten", sagte John.

Sie kehrten zum Hotel zurück und bereiteten sich auf ihre Heimreise am nächsten Tag vor. Mit vielen schönen Erinnerungen an ihren Aufenthalt in München schliefen sie ein, dankbar für die Erfahrungen und Erlebnisse, die sie in Bayern hatten.

1. Andenken - Souvenir
2. Ausstellungen - Exhibitions
3. Burg - Castle
4. Burghof - Castle courtyard
5. Erkundungen - Explorations
6. Erscheinung - Appearance
7. Feld - Field
8. Gärten - Gardens
9. Gemälde - Painting
10. Geschichte - History
11. Landschaft - Landscape
12. Majestätisch - Majestic

Burg Grünwald: Ein historisches Juwel in München

Die Burg Grünwald, gelegen in einem Vorort von München, ist ein eindrucksvolles Zeugnis mittelalterlicher Architektur und ein bedeutender historischer Ort in Bayern. Sie bietet einen faszinierenden Einblick in die Geschichte und Kultur des Mittelalters und ist ein beliebtes Ausflugsziel für Einheimische und Touristen.

Geschichte der Burg Grünwald

Die Geschichte der Burg Grünwald reicht bis ins späte 13. Jahrhundert zurück. Sie wurde ursprünglich als Jagdschloss für die Wittelsbacher, die Herzöge von Bayern, errichtet. Im Laufe der Jahrhunderte diente sie verschiedenen Zwecken, darunter als Gefängnis und als Verwaltungssitz. Heute ist die Burg ein Museum, das der Öffentlichkeit offensteht.

Die Architektur der Burg

Die Burg Grünwald ist eine typische mittelalterliche Festung mit dicken Mauern, einem großen Turm und einem Burghof. Die Architektur der Burg spiegelt die verschiedenen Epochen ihrer Nutzung wider. Besucher können den Bergfried besteigen und von dort aus einen atemberaubenden Blick auf die umliegende Landschaft und den Fluss Isar genießen.

Das Museum in der Burg

Das Museum in der Burg Grünwald ist ein Highlight für Geschichtsinteressierte. Es beherbergt eine Sammlung von Artefakten, die die Geschichte der Burg und der Region beleuchten. Zu den Ausstellungsstücken gehören mittelalterliche Waffen, Rüstungen und Werkzeuge sowie Informationen über das tägliche Leben im Mittelalter.

Veranstaltungen und Aktivitäten

Die Burg Grünwald ist nicht nur ein Museum, sondern auch ein Ort für kulturelle Veranstaltungen. Regelmäßig finden hier Konzerte, Theateraufführungen und historische Festivals statt. Diese Veranstaltungen bieten eine lebendige und interaktive Art, Geschichte zu erleben.

Die Umgebung der Burg

Die Umgebung der Burg Grünwald ist ideal für Spaziergänge und Wanderungen. Die Landschaft rund um die Burg ist geprägt von Wäldern und der Isar, die durch das Gebiet fließt. Viele Wanderwege führen durch die malerische Umgebung und bieten Gelegenheit, die Natur zu genießen.

Familienfreundlicher Ausflug

Die Burg Grünwald ist auch ein beliebtes Ziel für Familien. Kinder können das mittelalterliche Leben erkunden, an Führungen teilnehmen und mehr über die Geschichte der Burg lernen. Die Kombination aus Bildung und Unterhaltung macht die Burg zu einem idealen Ausflugsziel für Familien.

Fazit

Die Burg Grünwald ist ein faszinierendes historisches Monument, das Besuchern einen einzigartigen Einblick in die mittelalterliche Geschichte Bayerns bietet. Sie ist ein Ort, der Kultur, Geschichte und Natur vereint und damit einen unvergesslichen Ausflug garantiert. Für alle, die sich für Geschichte interessieren oder einfach einen Tag in einer beeindruckenden historischen Umgebung verbringen möchten, ist die Burg Grünwald ein Muss.

1. Artefakte - Artifacts
2. Ausflugsziel - Destination
3. Bergfried - Keep
4. Burghof - Castle courtyard
5. Festung - Fortress
6. Gefängnis - Prison

7. Geschichtsinteressierte - History enthusiasts
8. Jagdschloss - Hunting lodge
9. Kultur - Culture
10. Landschaft - Landscape
11. Mauern - Walls
12. Mittelalter - Middle Ages
13. Rüstungen - Armors
14. Verwaltungssitz - Administrative seat
15. Wanderungen - Hikes

20. Im Olympiapark

John und Joan entschieden sich, den Olympiapark zu besuchen, ein bedeutender Ort, der sowohl für seine sportliche Geschichte als auch für die tragischen Ereignisse der Olympischen Spiele 1972 bekannt ist.

Sie erreichten den Olympiapark am frühen Morgen. Die Sonne schien und der Park war belebt mit Joggern, Radfahrern und Spaziergängern. „Der Park ist so groß und grün", bemerkte Joan, als sie über die weiten Rasenflächen und die malerischen Seen blickten.

Ihr erster Halt war der Olympiaturm. Sie fuhren mit dem Aufzug nach oben und als sie die Aussichtsplattform erreichten, bot sich ihnen ein atemberaubender Blick über München und die bayerische Landschaft. „Man kann die ganze Stadt sehen", sagte John beeindruckt.

Nachdem sie die Aussicht genossen hatten, sprachen sie über die Olympischen Spiele 1972, die in diesem Park stattfanden. Sie diskutierten über die Bedeutung der Spiele für München und die Welt des Sports. „Es war ein wichtiges Ereignis für die Stadt", sagte Joan.

Dann kamen sie auf das tragische Thema des islamischen Terroranschlags von 1972 zu sprechen. Sie besuchten die Gedenkstätte, die den Opfern gewidmet ist. „Es ist wichtig, sich an solche Ereignisse zu erinnern, auch wenn sie schmerzhaft sind", sagte John nachdenklich.

Nach einer Zeit der Stille und des Gedenkens setzten sie ihren Spaziergang fort. Sie gingen durch den Park, vorbei an den Sportstätten, die für die Olympischen Spiele gebaut wurden. „Es ist beeindruckend, wie modern diese Anlagen immer noch sind", bemerkte Joan.

Zum Mittagessen kehrten sie in ein Restaurant im Park ein. Während des Essens sprachen sie über die olympische Geschichte und die sportlichen Errungenschaften, die hier gefeiert wurden. Sie diskutierten auch über die Auswirkungen des Terrorismus auf die Welt und wie wichtig es ist, aus der Geschichte zu lernen.

Nach dem Mittagessen spazierten sie weiter durch den Park, genossen die friedliche Atmosphäre und die schöne Umgebung. Sie saßen eine Weile am Ufer eines der Seen und beobachteten die Wasservögel.

Am späten Nachmittag machten sie sich auf den Rückweg. Auf dem Weg zum Ausgang hielten sie noch einmal inne, um die Gesamtheit des Parks zu betrachten. „Dieser Ort hat so viele verschiedene Geschichten zu erzählen", sagte Joan.

Zurück in München, genossen sie ein letztes Abendessen in der Stadt. Sie sprachen über ihre Erlebnisse im Olympiapark und reflektierten über die Höhen und Tiefen der Geschichte, die sie dort erlebt hatten.

Nach dem Essen machten sie einen letzten Spaziergang durch die Stadt. Die Straßen Münchens waren belebt und die Lichter der Geschäfte und Restaurants schufen eine warme Atmosphäre. Sie genossen die lebendige Stimmung und nahmen die Erinnerungen an ihre Reise mit.

Zurück im Hotel packten sie ihre Koffer für die Heimreise. Während sie packten, sprachen sie über alles, was sie auf ihrer Reise gesehen und erlebt hatten. „München hat uns so viel gezeigt", sagte John. „Ja, es war eine Reise voller Geschichte und Kultur", stimmte Joan zu.

1. Atemberaubend - Breathtaking
2. Aussichtsplattform - Viewing platform
3. Belebt - Bustling
4. Ereignisse - Events
5. Gedenkstätte - Memorial
6. Geschichte - History
7. Jogger - Joggers
8. Landschaft - Landscape
9. Malerisch - Picturesque
10. Olympiapark - Olympic Park

11. Olympiaturm - Olympic Tower
12. Rasenflächen - Lawns
13. Spaziergänger - Walkers
14. Sportstätten - Sports facilities
15. Wasservögel - Waterfowl

Der Terroranschlag bei den Olympischen Spielen 1972 in München

Am 5. September 1972 ereignete sich eine der tragischsten Episoden in der Geschichte der Olympischen Spiele: Ein Terroranschlag während der Olympischen Spiele in München, der weltweit für Entsetzen sorgte. Diese Ereignisse hinterließen eine tiefe Narbe in der Geschichte des Sports und der internationalen Beziehungen.

Hintergrund des Anschlags

Der Anschlag wurde von einer palästinensischen Terrororganisation, bekannt als „Schwarzer September", durchgeführt. Ihr Ziel war es, die Freilassung von mehr als 200 palästinensischen Gefangenen zu erzwingen, die in Israel inhaftiert waren. Die Terroristen planten, israelische Athleten als Geiseln zu nehmen, um ihre Forderungen durchzusetzen.

Der Anschlag und die Geiselnahme

In den frühen Morgenstunden des 5. Septembers drangen die Terroristen in das Olympische Dorf ein und nahmen elf israelische Sportler, Trainer und Offizielle als Geiseln. Zwei israelische Athleten wurden während des Überfalls getötet. Die Terroristen forderten die Freilassung der palästinensischen Gefangenen und ein Flugzeug, um sie und die Geiseln aus Deutschland zu bringen.

Die Reaktion und das Ende der Geiselnahme

Die deutsche Polizei versuchte, mit den Terroristen zu verhandeln und plante eine Befreiungsaktion. Die Situation eskalierte jedoch am Flughafen Fürstenfeldbruck, wo die Terroristen und die Geiseln sich aufhielten. Bei dem fehlgeschlagenen Befreiungsversuch wurden alle Geiseln sowie fünf der acht Terroristen getötet.

Die Folgen des Anschlags

Die Ereignisse von München 1972 hatten weitreichende Auswirkungen. Sie führten zu einer weltweiten Verurteilung des Terrorismus und hatten Einfluss auf die Sicherheitsvorkehrungen bei zukünftigen internationalen Veranstaltungen. Dieser Anschlag zeigte auf tragische Weise die Verwundbarkeit großer öffentlicher Ereignisse gegenüber terroristischen Akten.

In Israel lösten die Ereignisse eine Welle der Trauer und Wut aus. Als Reaktion darauf startete die israelische Regierung die Operation „Zorn Gottes", die darauf abzielte, die Verantwortlichen für den Anschlag zu finden und zu töten.

Gedenken und Erinnerung

In München und Israel gibt es Gedenkstätten, die an die Opfer des Anschlags erinnern. Diese Orte dienen als Mahnung für die Notwendigkeit des Friedens und der Sicherheit in der Welt. Die Erinnerung an den Anschlag bei den Olympischen Spielen 1972 bleibt ein wichtiger Teil der Geschichte, der die Bedeutung der Bekämpfung von Terrorismus und der Förderung von Verständigung und Toleranz unterstreicht.

Fazit

Der Terroranschlag bei den Olympischen Spielen 1972 in München steht als trauriges Beispiel für die Zerstörung, die durch Hass und Extremismus verursacht werden kann. Es ist ein Ereignis, das uns daran erinnert, wie wichtig es ist, stets für Frieden und Sicherheit einzustehen und die Werte des Sports – Fairness, Respekt und Völkerverständigung – hochzuhalten.

1. Anschlag - Attack
2. Befreiungsaktion - Rescue operation
3. Episoden - Episodes
4. Extremismus - Extremism
5. Flughafen - Airport

6. Gedenkstätten - Memorials
7. Geiselnahme - Hostage-taking
8. Gefangenen - Prisoners
9. Inhaftiert - Imprisoned
10. Mahnung - Reminder
11. Opfer - Victims
12. Terrororganisation - Terrorist organization
13. Terroristen - Terrorists
14. Verhandeln - Negotiate
15. Verurteilung - Condemnation

21. Konzentrationslager Dachau

John und Joan hatten sich entschieden, ihren Aufenthalt in München mit einem Besuch des Konzentrationslagers Dachau zu beenden. Es war ihnen wichtig, diesen historisch bedeutenden Ort zu besuchen, um die Geschichte besser zu verstehen und den Opfern des Holocausts ihren Respekt zu erweisen.

Früh am Morgen machten sie sich auf den Weg nach Dachau. Während der Fahrt herrschte eine nachdenkliche Stille zwischen ihnen. „Ich glaube, das wird ein sehr emotionaler Besuch", sagte Joan leise.

Als sie in Dachau ankamen, wurden sie von der schlichten und ernsten Atmosphäre des Ortes ergriffen. Das Eingangstor mit der zynischen Inschrift „Arbeit macht frei" wirkte bedrückend. „Es ist schwer zu glauben, dass hier so viel Leid geschehen ist", sagte John, als sie das Tor passierten.

Sie begannen ihren Rundgang durch das Lager. Die Ausstellungen im Museum dokumentierten das Leben im Lager, die unmenschlichen Bedingungen, unter denen die Gefangenen lebten, und die Gräueltaten, die dort begangen wurden. Fotos, persönliche Gegenstände der Häftlinge und schriftliche Berichte machten die Schrecken greifbar.

John und Joan gingen schweigend durch die Ausstellungsräume, tief berührt von den Geschichten und Schicksalen, die sie dort erfuhren. „Es ist so wichtig, dass wir uns an diese Ereignisse erinnern", sagte Joan.

Danach besuchten sie die Gedenkstätten auf dem Gelände, darunter die Internationale Gedenkhalle und die verschiedenen religiösen Denkmäler. An jedem Ort verweilten sie, um nachzudenken und zu gedenken.

Sie gingen auch an den Überresten der Baracken vorbei, die einen Eindruck davon vermittelten, wie beengt und hart das Leben im Lager war. „Das hier zu sehen, macht es noch realer", bemerkte John.

Einer der bewegendsten Momente ihres Besuchs war der Gang entlang der „Todesallee", wo Gefangene zur Erschießung geführt wurden. Die Stille des Ortes und das Wissen um das, was dort geschehen war, waren überwältigend.

Zum Mittagessen kehrten sie in das Besucherzentrum ein. Während des Essens sprachen sie kaum. Beide waren in Gedanken versunken und verarbeiteten die emotionalen Eindrücke des Tages.

Nach dem Essen besuchten sie die Krematoriumsanlage. Der Anblick der Öfen und der Asche war schockierend und ließ sie verstummen. „Das ist so schwer zu fassen", flüsterte Joan.

Am Ende ihres Besuchs standen sie vor dem Mahnmal, das an die Opfer des Holocausts erinnert. Sie nahmen sich einen Moment Zeit, um zu reflektieren und um zu gedenken. „Wir dürfen nie vergessen, was hier passiert ist", sagte John.

Als sie Dachau verließen, fühlten sie sich erschöpft, aber auch erleuchtet. Die Erfahrung, diesen Ort zu besuchen, hatte einen tiefen Eindruck bei ihnen hinterlassen.

Auf der Rückfahrt nach München sprachen sie über die Bedeutung des Gedenkens und darüber, wie wichtig es ist, aus der Geschichte zu lernen. Sie waren sich einig, dass der Besuch in Dachau ein wesentlicher und bewegender Teil ihrer Reise war.

Zurück in München verbrachten sie einen ruhigen Abend, immer noch nachdenklich über ihren Tag in Dachau. Sie waren dankbar für die Möglichkeit, diesen historisch wichtigen Ort besucht zu haben und die Erinnerung an die Opfer zu ehren.

1. Atmosphäre - Atmosphere
2. Ausstellungsräume - Exhibition rooms
3. Baracken - Barracks
4. Besucherzentrum - Visitor center
5. Eingangstor - Entrance gate
6. Erschießung – shooting in an execution
7. Gedenkstätten - Memorials
8. Gedenken - To commemorate

9. Gefangenen - Prisoners
10. Gräueltaten - Atrocities
11. Krematoriumsanlage - Crematorium facility
12. Leid - Suffering
13. Mahnmal - Memorial
14. Opfer - Victims
15. Todesallee - Death alley

Das Konzentrationslager Dachau: Ein Ort der Erinnerung

Das Konzentrationslager Dachau, nahe München, war das erste dauerhaft errichtete Konzentrationslager der Nationalsozialisten und steht heute als Symbol für die Grausamkeiten des NS-Regimes. Seit seiner Befreiung im Jahr 1945 dient das Lager als Mahnmal und Gedenkstätte, um an die Opfer des Holocaust und der NS-Gewaltherrschaft zu erinnern.

Geschichte des Konzentrationslagers Dachau

Das Lager wurde 1933, kurz nach der Machtergreifung Adolf Hitlers, errichtet. Ursprünglich diente es zur Inhaftierung politischer Gegner des NS-Regimes, darunter Kommunisten, Sozialdemokraten und Gewerkschafter. Im Laufe der Jahre wurden jedoch auch Juden, Sinti und Roma, Homosexuelle, Zeugen Jehovas und andere als „rassisch" oder „sozial" unerwünscht angesehene Gruppen dorthin deportiert.

Dachau diente als Modell für alle späteren Konzentrationslager und war Schulungsort für SS-Wachmannschaften. Die Insassen wurden zu Zwangsarbeit herangezogen und mussten unter unmenschlichen Bedingungen leben. Hunger, Krankheit, Zwangsarbeit und die Brutalität der Wachen führten zu vielen Todesfällen.

Die Befreiung des Lagers

Das Lager wurde am 29. April 1945 von amerikanischen Truppen befreit. Die Soldaten fanden tausende von überlebenden Häftlingen in erschütterndem Zustand. Die Befreiung von

Dachau war für die Weltöffentlichkeit ein schockierender Einblick in das Ausmaß der NS-Verbrechen.

Dachau heute: Eine Gedenkstätte

Heute ist das ehemalige Konzentrationslager Dachau eine Gedenkstätte, die jedes Jahr von vielen Menschen aus der ganzen Welt besucht wird. Die Gedenkstätte umfasst das Museum, das die Geschichte des Lagers und das Schicksal der Gefangenen dokumentiert, sowie erhaltene Gebäude wie die Baracken, das Krematorium und die Erschießungsanlage.

Die Bedeutung des Gedenkens

Die Gedenkstätte Dachau dient nicht nur als Erinnerung an die Opfer, sondern auch als Mahnung, dass sich derartige Verbrechen nie wieder wiederholen dürfen. Sie ist ein Ort des Lernens und der Reflexion über die Gefahren von Hass, Intoleranz und Diktaturen. Besucher können hier mehr über die dunkle Geschichte des Nationalsozialismus erfahren und die Bedeutung von Demokratie und Menschenrechten verstehen.

Fazit

Das Konzentrationslager Dachau ist ein wichtiger Ort der deutschen Geschichte. Es erinnert uns an die Schrecken des Nationalsozialismus und die Wichtigkeit, aktiv für Freiheit, Gerechtigkeit und Menschenwürde einzustehen. Ein Besuch in Dachau ist eine tief bewegende Erfahrung, die zum Nachdenken anregt und die Bedeutung des Erinnerns und Gedenkens in unserer Gesellschaft unterstreicht.

1. Befreiung - Liberation
2. Diktaturen - Dictatorships
3. Erschütternd - Shocking
4. Gedenkstätte - Memorial site
5. Gefangenen - Prisoners
6. Gewaltherrschaft - Tyranny
7. Grausamkeiten - Cruelties
8. Häftlingen - Inmates

9. Inhaftierung - Imprisonment
10. Machtergreifung - Seizure of power
11. Mahnmal - Memorial
12. Nationalsozialisten - Nazis
13. NS-Regime - Nazi regime
14. Opfer - Victims
15. Zwangsarbeit - Forced labor

22. Volksstaat Bayern

Es war ein nebliger Morgen in München, als John und Joan beschlossen, sich auf die Spuren der kurzen, aber bedeutenden Geschichte des Volksstaats Bayern zu begeben. Dieser sozialistische Staat existierte nur für kurze Zeit nach dem Ersten Weltkrieg, doch seine Geschichte hatte tiefe Spuren in der Stadt und in der bayerischen Kultur hinterlassen.

„Ich habe gelesen, dass nach dem Krieg viele Menschen unzufrieden waren und sich große Veränderungen in Bayern erhofften", sagte Joan, während sie sich auf den Weg zu einem kleinen Museum machten, das sich der Zeit des Volksstaats widmete.

Im Museum betrachteten sie zahlreiche Exponate, die die turbulente Zeit nach dem Krieg darstellten. Fotos, Dokumente und persönliche Gegenstände erzählten die Geschichte des kurzen sozialistischen Experiments in Bayern. „Es ist faszinierend, wie schnell sich die politische Landschaft in dieser Zeit veränderte", bemerkte John.

Ein Teil der Ausstellung widmete sich den führenden Persönlichkeiten des Volksstaats, darunter Kurt Eisner und Eugen Leviné. Ihre Lebensgeschichten und politischen Ideen waren fesselnd. „Sie hatten visionäre Ideen, aber es gab auch viele Herausforderungen und Widerstände", sagte Joan.

John und Joan lasen über die Ereignisse, die zum Sturz des Volksstaats führten, und über die Etablierung einer sozialistischen Diktatur. „Es gab so viel politische Unruhe und Konflikte zu dieser Zeit", sagte John.

Nach dem Besuch des Museums spazierten sie durch die Straßen Münchens und besuchten Orte, die eine wichtige Rolle in der Geschichte des Volksstaats gespielt hatten. Sie standen vor dem Gebäude, in dem der Volksstaat ausgerufen wurde, und versuchten sich vorzustellen, wie es damals gewesen sein musste.

Zum Mittagessen kehrten sie in ein Café ein. Während sie aßen, diskutierten sie über die Bedeutung des Volksstaats Bayern für die deutsche Geschichte. „Es zeigt, wie komplex und vielschichtig die Geschichte nach dem Ersten Weltkrieg war", sagte Joan.

Am Nachmittag besuchten sie das Grab von Kurt Eisner, der während seiner Amtszeit als Ministerpräsident ermordet wurde. Sie standen eine Weile schweigend da und dachten über die Tragödie und das Vermächtnis seiner Politik nach.

Später gingen sie zu einem Denkmal, das an die Opfer politischer Gewalt während dieser Zeit erinnert. „Es ist wichtig, sich an die Opfer zu erinnern und aus der Geschichte zu lernen", sagte John.

Als der Tag zu Ende ging, machten sie sich Gedanken darüber, wie die kurze Geschichte des Volksstaats Bayern die spätere Entwicklung Deutschlands beeinflusst hatte. „Es war eine Zeit großer Umbrüche und Veränderungen", sagte Joan.

Zurück in ihrem Hotel reflektierten sie über ihren Tag. Sie waren sich einig, dass das Verständnis der komplexen und oft schmerzhaften Geschichte wichtig ist, um die Gegenwart besser zu verstehen. Mit diesen Gedanken schliefen sie ein, bereit für ihre Rückreise am nächsten Tag. Sie nahmen die Erinnerung an einen wichtigen Abschnitt der deutschen Geschichte mit sich.

1. Amtszeit - Term of office
2. Denkmal - Monument
3. Ermordet - Assassinated
4. Exponate - Exhibits
5. Gedenkstätte - Memorial site
6. Geschichte - History
7. Herausforderungen - Challenges
8. Lebensgeschichten - Life stories
9. Machtergreifung - Seizure of power
10. Nebliger Morgen - Foggy morning
11. Persönlichkeiten - Personalities
12. Politische Landschaft - Political landscape
13. Sozialistische Diktatur - Socialist dictatorship
14. Turbulente Zeit - Turbulent time

Volksstaat Bayern: Ein kurzer Blick auf die sozialistische Diktatur

In der deutschen Geschichte nimmt der Volksstaat Bayern eine besondere Stellung ein. Nach dem Ersten Weltkrieg, in einer Zeit großer politischer Umwälzungen, entstand in Bayern für eine kurze Periode eine sozialistische Diktatur. Dieses Kapitel der bayerischen Geschichte war geprägt von politischem Umbruch und gesellschaftlichen Auseinandersetzungen.

Hintergrund der Entstehung

Der Volksstaat Bayern wurde im Anschluss an das Ende des Ersten Weltkriegs und den Zusammenbruch des Kaiserreichs gegründet. Die Novemberrevolution 1918 führte zum Sturz der Monarchie in Deutschland und zur Ausrufung der Weimarer Republik. In Bayern wurde die Wittelsbacher Monarchie abgeschafft und eine sozialistische Regierung gebildet.

Die Bayerische Räterepublik

Im April 1919 wurde die Bayerische Räterepublik (Räte auf russisch: Soviet) ausgerufen, eine sozialistische Regierungsform, die auf dem Rätesystem basierte. Diese Regierungsform war inspiriert von der russischen Revolution und sollte eine Alternative zur bürgerlichen Demokratie darstellen. Die Räterepublik in Bayern war jedoch von kurzer Dauer und geprägt von politischen Kämpfen und Unruhen.

Konflikte und Sturz der Räterepublik

Die Bayerische Räterepublik stand von Anfang an unter Druck. Es gab Konflikte sowohl mit konservativen Kräften innerhalb Bayerns als auch mit der Reichsregierung in Berlin. Zudem gab es interne Auseinandersetzungen zwischen gemäßigten Sozialisten und radikaleren kommunistischen Gruppen.

Im Mai 1919 wurde die Räterepublik durch Freikorps-Einheiten, die von der deutschen Reichsregierung unterstützt wurden, gewaltsam gestürzt. Dies führte zu blutigen Kämpfen in

München und zum Ende der sozialistischen Herrschaft in Bayern.

Folgen für Bayern und Deutschland

Die kurze Periode der Bayerischen Räterepublik hatte langfristige Auswirkungen auf die politische Landschaft in Bayern und in ganz Deutschland. Sie verstärkte die politische Polarisierung und trug zu einem Klima der Instabilität und des Misstrauens bei, das in den folgenden Jahren in Deutschland herrschte.

Erinnerung und Bedeutung

Heute wird die Bayerische Räterepublik in der deutschen Geschichte oft als ein Beispiel für die politischen Experimente und Turbulenzen der Nachkriegszeit betrachtet. Sie wird als ein wichtiges, wenn auch kontroverses Kapitel in der Geschichte Bayerns und Deutschlands erinnert.

Fazit

Die Bayerische Räterepublik war ein kurzes, aber bedeutendes Ereignis in der deutschen Geschichte. Sie zeigt, wie in Zeiten politischer und gesellschaftlicher Umbrüche radikale Ideen und Experimente entstehen können. Die Geschichte des Volksstaats Bayern ist ein Beispiel für die Komplexität und Vielfalt der politischen Geschichte Deutschlands im 20. Jahrhundert.

1. Auseinandersetzungen - Conflicts
2. Ausrufung - Proclamation
3. Bürgerliche Demokratie - Civil democracy
4. Freikorps-Einheiten - Freikorps units
5. Gesellschaftlich - Societal
6. Herrschaft - Rule
7. Kaiserreich - Empire
8. Kämpfe - Fights
9. Monarchie - Monarchy
10. Novemberrevolution - November Revolution
11. Politische Umwälzungen - Political upheavals

12. Räterepublik - Council Republic
13. Sozialistische Regierung - Socialist government
14. Sturz - Fall
15. Weimarer Republik - Weimar Republic

23. Freilichtkino im Westpark

John und Joan hatten in München viel erlebt, doch ein Besuch im Freilichtkino im Westpark stand noch auf ihrer Liste. Sie hatten von diesem besonderen Kinoerlebnis unter freiem Himmel gehört und waren begeistert bei der Vorstellung, einen Film unter den Sternen zu sehen.

Es war ein warmer Sommerabend, als sie sich auf den Weg zum Westpark machten. „Ich hoffe, sie zeigen einen guten Film", sagte Joan, während sie durch den Park spazierten. Die Atmosphäre im Park war lebhaft, mit Menschen, die auf Picknickdecken saßen und sich auf den Film freuten.

Als sie das Freilichtkino erreichten, suchten sie sich einen Platz. Sie breiteten ihre Decke aus und machten es sich mit einigen Snacks bequem. „Das ist wirklich eine tolle Idee, Filme im Freien zu zeigen", sagte John, als er sich zurücklehnte.

Der Film begann und sie vertieften sich schnell in die Handlung. Es war ein klassischer deutscher Film, der perfekt zur Atmosphäre des Freilichtkinos passte. Während des Films tauschten sie Kommentare und Gedanken aus und genossen die besondere Erfahrung.

Gegen Ende des Films zogen plötzlich dunkle Wolken auf. Sie bemerkten, wie der Wind auffrischte und die Blätter der Bäume rauschten. „Sieht aus, als würde ein Unwetter kommen", bemerkte Joan besorgt.

Kaum hatte sie es ausgesprochen, begann es zu regnen. Zuerst waren es nur ein paar Tropfen, aber binnen kurzer Zeit verwandelte sich der leichte Regen in ein heftiges Unwetter. „Wir sollten besser schnell unsere Sachen packen", sagte John, als er aufsprang.

Sie packten hastig ihre Decke und Snacks zusammen, während um sie herum das Unwetter immer stärker wurde. Der Regen prasselte auf sie nieder und der Wind wehte stark. Die anderen Besucher des Freilichtkinos rannten ebenfalls umher, um Schutz zu suchen.

„Lass uns unter diesen Baum dort flüchten!“, rief Joan, während sie auf einen großen Baum am Rande des Freilichtkinos zeigte. Sie rannten zum Baum und fanden dort Unterschlupf vor dem Regen.

Unter dem Baum stehend, lachten sie über die unerwartete Wendung ihres Kinoabends. „Das ist definitiv ein Kinoerlebnis, das wir nicht so schnell vergessen werden“, sagte John, während er versuchte, das Wasser aus seinem Haar zu schütteln.

Als das Unwetter nachließ, entschieden sie, dass es Zeit war, den Heimweg anzutreten. Sie machten sich auf den Weg durch den nassen Park, immer noch lachend über ihr unvergessliches Kinoerlebnis.

Zurück in ihrem Hotel, hingen sie ihre nassen Kleider zum Trocknen auf und bereiteten sich auf eine ruhige Nacht vor. „Trotz des Regens war es ein wunderbarer Abend“, sagte Joan. „Ja, es war etwas ganz Besonderes“, stimmte John zu.

Sie schliefen ein, erfüllt von den Erinnerungen an einen ungewöhnlichen, aber dennoch schönen Abend im Freilichtkino im Westpark.

1. Atmosphäre - Atmosphere
2. Besucher - Visitors
3. Decke - Blanket
4. Freilichtkino - Open-air cinema
5. Gemütlich - Cozy
6. Heimweg - Way home
7. Kinoerlebnis - Cinema experience
8. Lebhaft - Lively
9. Picknickdecken - Picnic blankets
10. Rasen - Lawn
11. Snacks - Snacks
12. Sommerabend - Summer evening
13. Unwetter - Storm
14. Unterschlupf - Shelter
15. Wolken - Clouds

König Ludwig II: Der Märchenkönig von Bayern

König Ludwig II. von Bayern ist eine der faszinierendsten und geheimnisvollsten Gestalten in der deutschen Geschichte. Berühmt für seine prächtigen Schlösser und seine Liebe zur Kunst und Musik, bleibt seine Persönlichkeit und sein tragisches Schicksal bis heute ein Thema von großem Interesse.

Frühes Leben und Aufstieg zum König

Ludwig II. wurde 1845 als ältester Sohn von König Maximilian II. von Bayern geboren. Er wuchs in einer Familie auf, die großen Wert auf Bildung und Kunst legte. Ludwig zeigte schon früh ein ausgeprägtes Interesse an der Musik Richard Wagners und an der Architektur. 1864, im Alter von nur 18 Jahren, bestieg Ludwig den bayerischen Thron, nachdem sein Vater unerwartet verstarb.

Regentschaft und Leidenschaft für Bauwerke

Während seiner Regentschaft zeigte Ludwig II. wenig Interesse an der Politik. Stattdessen konzentrierte er sich auf seine künstlerischen und architektonischen Projekte. Er ist vor allem bekannt für den Bau mehrerer opulenter Schlösser in Bayern, darunter Neuschwanstein, Linderhof und Herrenchiemsee. Diese Schlösser sind architektonische Meisterwerke und ziehen bis heute Millionen von Besuchern an.

Neuschwanstein: Das Märchenschloss

Das Schloss Neuschwanstein, oft als das Märchenschloss bezeichnet, ist Ludwigs bekanntestes Bauwerk. Es wurde als idealisierte Vorstellung eines mittelalterlichen Ritterschlosses erbaut und ist von der romantischen Welt der Opern Wagners inspiriert. Das Schloss ist berühmt für seine märchenhafte Architektur und seine malerische Lage in den bayerischen Alpen.

König Ludwigs Persönlichkeit und sein Rückzug

Ludwig war bekannt für seine scheue und zurückgezogene Persönlichkeit. Er verbrachte viel Zeit allein in seinen Schlössern, fernab vom öffentlichen Leben und den Pflichten eines Königs. Seine Neigung zur Einsamkeit und sein Desinteresse an der Politik führten zu Spannungen mit der bayerischen Regierung und dem Adel.

Das mysteriöse Ende

Das Ende von König Ludwigs Leben ist von Mysterien umgeben. 1886 wurde er für geisteskrank erklärt und abgesetzt. Nur wenige Tage später wurde er tot im Starnberger See gefunden, zusammen mit seinem Psychiater. Die genauen Umstände seines Todes bleiben bis heute unklar und Gegenstand von Spekulationen.

Erbe und Gedenken

König Ludwig II. hinterließ ein komplexes Erbe. Während seine Regentschaft politisch unbedeutend war, hat er durch seine Bauwerke und seine Förderung der Künste einen bleibenden kulturellen Einfluss hinterlassen. Seine Schlösser sind ein fester Bestandteil der bayerischen Identität und ein Symbol für die romantische und traumhafte Welt, die Ludwig so sehr liebte.

Fazit

König Ludwig II. von Bayern, der Märchenkönig, ist eine Figur, die bis heute fasziniert und inspiriert. Seine Leidenschaft für das Schöne, seine mysteriöse Persönlichkeit und sein tragisches Ende machen ihn zu einer der interessantesten Persönlichkeiten in der bayerischen und deutschen Geschichte. Seine Schlösser, allen voran Neuschwanstein, sind ein bleibendes Vermächtnis seiner Träume und Visionen.

1. Architektur - architecture
2. Bauwerke - buildings
3. Einsamkeit - solitude
4. Erbe - legacy
5. Faszinierend - fascinating
6. Geheimnisvoll - mysterious
7. Geisteskrank - mentally ill
8. Gedenken - remembrance

9. Identität - identity
10. Märchenkönig - fairy tale king
11. Meisterwerke - masterpieces
12. Mysterien - mysteries
13. Persönlichkeit - personality
14. Regentschaft - reign
15. Tragisch - tragic

24. Ein Arztbesuch

Nachdem John und Joan einen unvergesslichen, wenn auch nassen Abend im Freilichtkino im Westpark verbracht hatten, erwachte Joan am nächsten Morgen mit einem rauhen Hals und einem leichten Fieber. Sie fühlte sich schlapp und müde. John, der sich neben ihr im Hotelzimmer sorgenvoll umschaute, schlug vor, einen Arzt aufzusuchen.

„Ich glaube, es ist besser, wenn wir zum Arzt gehen", sagte John besorgt. „Das Wetter gestern Abend war ziemlich schlecht, und ich möchte kein Risiko eingehen."

Joan stimmte zu, obwohl sie sich unwohl fühlte bei dem Gedanken, im Ausland zum Arzt zu müssen. „Ich hoffe, es ist nichts Ernstes", sagte sie leise.

John fragte an der Rezeption des Hotels nach einem nahegelegenen Arzt und bekam eine Empfehlung für eine Praxis, die nur wenige Straßen entfernt war. Nachdem sie sich angezogen hatten, machten sie sich auf den Weg.

In der Arztpraxis angekommen, wurden sie von einer freundlichen Empfangsdame begrüßt. „Guten Morgen, wie kann ich Ihnen helfen?", fragte sie. John erklärte Joans Symptome und dass sie aus dem Ausland kamen.

„Kein Problem, der Arzt wird gleich bei Ihnen sein. Bitte nehmen Sie im Wartezimmer Platz", sagte die Empfangsdame.

Während sie im Wartezimmer saßen, betrachtete Joan die verschiedenen Gesundheitsbroschüren. Sie fühlte sich ein wenig nervös, da sie nicht wusste, was sie erwarten sollte. John versuchte, sie zu beruhigen: „Es wird alles gut gehen, wir sind in guten Händen."

Kurze Zeit später wurden sie in das Sprechzimmer des Arztes gerufen. Der Arzt, ein freundlicher älterer Herr, begrüßte sie warmherzig. „Erzählen Sie mir, was passiert ist", sagte er auf Englisch, nachdem er erfahren hatte, dass sie aus dem Ausland kamen.

Joan erzählte von dem Unwetter im Freilichtkino und wie sie sich seitdem gefühlt hatte. Der Arzt hörte aufmerksam zu und machte dann eine gründliche Untersuchung. „Es scheint, als hätten Sie eine leichte Erkältung und etwas Fieber. Nichts Ernstes, aber Sie sollten sich ausruhen", diagnostizierte er.

Er verschrieb ihr einige Medikamente und riet ihr, viel zu trinken und sich zu schonen. Joan war erleichtert, dass es nichts Schlimmeres war. „Vielen Dank, Herr Doktor", sagte sie dankbar.

John und Joan verließen die Praxis mit den Medikamenten und einer gewissen Erleichterung. „Jetzt solltest du dich ausruhen. Ich werde mich um alles kümmern", sagte John fürsorglich.

Zurück im Hotelzimmer legte sich Joan ins Bett, während John sich darum kümmerte, dass sie alles hatte, was sie brauchte. Er brachte ihr Tee, las ihr vor und sorgte dafür, dass sie sich wohl fühlte.

Joan schlief bald ein, beruhigt durch die Medizin und Johns Fürsorge. Trotz der unerwarteten Krankheit fühlte sie sich sicher und gepflegt. John saß neben ihr, las ein Buch und war dankbar dafür, dass es Joan schon besser ging.

Dieser Tag war zwar nicht so verlaufen, wie sie es geplant hatten, aber er hatte ihnen gezeigt, wie wichtig es ist, aufeinander aufzupassen und füreinander da zu sein, besonders wenn man weit weg von zu Hause ist.

1. Arztbesuch - doctor's visit
2. Empfangsdame - receptionist
3. Erkältung - cold
4. Fieber - fever
5. Freilichtkino - open-air cinema
6. Gesundheitsbroschüren - health brochures
7. Medikamente - medication
8. Praxis - practice (medical)
9. Rauher Hals – sore throat
10. Rezeption - reception (hotel)
11. schlapp - weak, limp

12. schonen - to take it easy, to rest
13. Sprechzimmer - consultation room
14. Unwetter - storm, bad weather
15. Wartezimmer - waiting room

25. Gaudi im Hofbräuhaus

Nachdem Joan sich von ihrer Erkältung erholt hatte, beschlossen John und sie, ihren letzten Abend in München im berühmten Hofbräuhaus zu verbringen. Sie hatten von der legendären Atmosphäre dieses Ortes gehört und waren gespannt, das traditionelle bayerische Bierhaus selbst zu erleben.

Als sie das Hofbräuhaus betraten, wurden sie sofort von der lebhaften und ausgelassenen Stimmung erfasst. Lange Holztische waren mit Menschen gefüllt, die lachten, tranken und die Gesellschaft genossen. An den Wänden hingen bayerische Flaggen und historische Gemälde, die die reiche Geschichte des Ortes darstellten.

„Schau mal, dort ist ein freier Tisch", sagte Joan und deutete auf einen Platz in der Nähe der Bühne, auf der eine Blaskapelle spielte. Sie setzten sich und bestellten zwei Maß Bier. „Das ist wirklich ein beeindruckender Ort", sagte John, während er sich umsah.

Die Blaskapelle begann zu spielen, und die Musik erfüllte den gesamten Raum. Die Musiker trugen traditionelle Lederhosen und spielten klassische bayerische Lieder, die einige der Gäste zum Mitsingen animierten.

„Die Musik ist so fröhlich, man kann gar nicht anders, als mitzumachen", sagte Joan lächelnd, als sie zu den Melodien klatschte. Bald darauf begannen einige der Gäste um sie herum zu tanzen. Trotz ihrer anfänglichen Zurückhaltung ließen sich John und Joan von der Stimmung anstecken und gesellten sich zu den Tanzenden.

Während sie tanzten, lachten und scherzten sie, vollkommen eingetaucht in die Freude und das „Gaudi", das bayerische Wort für Spaß und Vergnügen. „Ich habe nicht erwartet, dass es hier so lebendig sein würde", sagte Joan atemlos nach einigen Tänzen.

Nach dem Tanz kehrten sie zu ihrem Tisch zurück und bestellten bayerische Spezialitäten zum Essen – Weißwürste, Brezeln und Obatzda. „Das Essen schmeckt fantastisch", sagte John, während er in eine Weißwurst biss.

Während des Essens kamen sie mit einigen Einheimischen am Nachbartisch ins Gespräch. Sie tauschten Geschichten aus und lernten mehr über die Kultur und Traditionen Bayerns. „Es ist so interessant, die Geschichten der Leute hier zu hören", sagte Joan.

Als der Abend fortschritt, genossen sie noch mehr Musik, lachten und unterhielten sich mit ihren neuen Bekanntschaften. Die Zeit verging wie im Flug, und bevor sie es merkten, war es spät geworden.

„Das war der perfekte Abschluss unserer Reise", sagte Joan, als sie das Hofbräuhaus verließen. „Ja, das war ein unvergesslicher Abend", stimmte John zu.

Auf dem Weg zurück zu ihrem Hotel reflektierten sie über ihre Zeit in München. Trotz einiger unerwarteter Wendungen war es eine Reise voller neuer Erfahrungen, Kultur und Freude gewesen.

In ihrem Hotelzimmer angekommen, packten sie ihre Koffer für die Heimreise am nächsten Morgen. Sie schliefen ein, erfüllt von den Erinnerungen an die Musik, das Tanzen und die Wärme, die sie im Hofbräuhaus erlebt hatten. Es war ein würdiger Abschluss ihrer Zeit in der bayerischen Hauptstadt.

1. Atmosphäre - atmosphere
2. Bierhaus - beer hall
3. Blaskapelle - brass band
4. Brezeln - pretzels
5. Erkältung - cold
6. Gaudi - fun, merriment (from Latin gaudium: joy, fun)
7. Gemälde - paintings
8. Holztische - wooden tables
9. Lederhosen - leather trousers
10. Mitsingen - to sing along
11. Obatzda - Bavarian cheese delicacy
12. Stimmung - mood, atmosphere
13. Traditionelle - traditional
14. Weißwürste - white sausages
15. Wiederherstellen - to recover

Das Hofbräuhaus in München: Ein Stück bayerische Geschichte und Kultur

Das Hofbräuhaus in München ist weit mehr als nur eine Gaststätte; es ist ein Stück lebendige bayerische Geschichte und ein Symbol für die bayerische Lebensart. Seit seiner Gründung im Jahr 1589 hat es sich zu einem der bekanntesten und beliebtesten Bierhäuser weltweit entwickelt und zieht jährlich Millionen von Besuchern aus aller Welt an.

Die Gründung des Hofbräuhauses

Das Hofbräuhaus wurde 1589 von Herzog Wilhelm V. von Bayern gegründet. Der Herzog war unzufrieden mit der Qualität des damals in München gebrauten Bieres und beschloss, eine eigene Brauerei zu errichten, um den Hof und die Münchner Bevölkerung mit hochwertigem Bier zu versorgen. Das ursprüngliche Hofbräuhaus befand sich am Platzl im Herzen der Altstadt von München und ist bis heute an diesem Standort zu finden.

Das Hofbräuhaus im Laufe der Jahrhunderte

Über die Jahrhunderte hinweg wurde das Hofbräuhaus immer wieder erweitert und umgebaut. Es überstand Kriege, Brände und politische Veränderungen. Im frühen 19. Jahrhundert wurde das Hofbräuhaus zu einem öffentlichen Lokal, das nicht nur Bier, sondern auch bayerische Spezialitäten anbot. Es wurde schnell zu einem Treffpunkt für Einheimische und Reisende, die die bayerische Gastfreundschaft und Lebensfreude erleben wollten.

Die Architektur und das Ambiente

Das heutige Gebäude des Hofbräuhauses, das Anfang des 20. Jahrhunderts erbaut wurde, ist ein beeindruckendes Beispiel für die traditionelle bayerische Architektur. Mit seinen hohen Decken, den langen Holztischen und den Fresken, die Szenen aus der bayerischen Geschichte und Kultur darstellen, bietet es ein unvergleichliches Ambiente. Die berühmte Schwemme, der größte Saal des Hofbräuhauses, kann bis zu 1000 Gäste beherbergen.

Das Bier und die Speisen

Das Herzstück des Hofbräuhauses ist natürlich das Bier. Die Gäste können eine Vielzahl von traditionellen bayerischen Bieren genießen, darunter das berühmte Hofbräu Original. Dazu werden typische bayerische Gerichte wie Haxn (Schweinshaxe), Brezeln, Obatzda (bayerischer Käseaufstrich) und Weißwürste serviert. Das Hofbräuhaus ist auch bekannt für seine Live-Blasmusik, die zur gemütlichen und ausgelassenen Atmosphäre beiträgt.

Das Hofbräuhaus heute

Heute ist das Hofbräuhaus nicht nur bei Touristen beliebt, sondern auch ein beliebter Treffpunkt für die Münchner. Es veranstaltet regelmäßig kulturelle Events und Festlichkeiten und trägt so zur Bewahrung der bayerischen Traditionen bei. Das Hofbräuhaus ist mehr als ein Bierhaus; es ist ein Ort, an dem Geschichte, Kultur und Geselligkeit auf einzigartige Weise zusammenkommen.

Fazit

Das Hofbräuhaus in München ist ein Muss für jeden Besucher der Stadt. Es bietet die Möglichkeit, in die reiche bayerische Kultur einzutauchen, traditionelle Speisen und Getränke zu genießen und Teil einer jahrhundertealten Tradition zu sein. Als eines der berühmtesten Wahrzeichen Münchens steht das Hofbräuhaus für die bayerische Lebensfreude und Gastfreundschaft.

1. Gaststätte - restaurant
2. Lebensart - way of life
3. Brauerei - brewery
4. Herzog - duke
5. Hochwertig - high-quality
6. Fresken - frescoes

7. Schwemme - taproom
8. Haxn (Schweinshaxe) - pork knuckle
9. Obatzda - Bavarian cheese spread
10. Weißwürste - white sausages
11. Blasmusik - brass music
12. Kulturelle Events - cultural events
13. Festlichkeiten - festivities
14. Einzigartige Weise - unique way
15. Wahrzeichen - landmark

26. Die Rückreise

Der letzte Tag von John und Joans Reise in München war angebrochen. Sie standen früh auf, um sich auf ihre Heimreise vorzubereiten. Ihr Flug sollte am späten Vormittag abfliegen, also hatten sie noch etwas Zeit, um in Ruhe zu packen und das Hotelzimmer zu verlassen.

„Ich kann nicht glauben, dass unsere Reise schon vorbei ist", sagte Joan, während sie ihren Koffer schloss. „Ja, die Zeit ist wirklich geflogen", antwortete John. Nachdem sie ausgecheckt hatten, riefen sie ein Taxi, um zum Flughafen zu fahren.

Das Taxi kam pünktlich an, und sie luden ihr Gepäck ein. Während der Fahrt zum Flughafen unterhielten sie sich mit dem Taxifahrer über ihre Erlebnisse in München. „Sie müssen unbedingt wieder kommen", sagte der Fahrer, als sie am Flughafen ankamen.

John bezahlte die Taxifahrt und gab ein Trinkgeld. Dann nahmen sie ihr Gepäck und machten sich auf den Weg zum Check-in-Schalter. Die Schlange war nicht allzu lang, und bald hatten sie ihr Gepäck aufgegeben und ihre Bordkarten in der Hand.

„Jetzt müssen wir nur noch durch die Passkontrolle", sagte Joan. Sie folgten den Schildern und reihten sich in die Warteschlange ein. Die Sicherheitskontrolle verlief problemlos, und sie gingen durch die Passkontrolle in den Abflugbereich.

„Ich könnte etwas zu essen gebrauchen", sagte John. Sie fanden ein kleines Café und setzten sich für eine kurze Mahlzeit hin. „Es ist seltsam zu denken, dass wir in ein paar Stunden wieder zu Hause sein werden", sagte Joan.

Nachdem sie gegessen hatten, machten sie sich auf den Weg zu ihrem Abfluggate. Sie mussten nicht lange warten, bis das Boarding begann. Im Flugzeug suchten sie ihre Plätze und machten es sich bequem.

Während des Fluges schauten sie sich einen Film an und aßen das Bordessen. Der Film war unterhaltsam, und das Essen war überraschend gut. Mitten im Film bemerkten sie jedoch Unruhe ein paar Reihen vor ihnen.

Ein betrunkener Passagier machte Ärger und weigerte sich, sich hinzusetzen. Das Kabinenpersonal griff schnell ein und beruhigte die Situation. „Es gibt immer etwas Aufregung", flüsterte Joan.

Der Rest des Fluges verlief ohne weitere Zwischenfälle. Als das Flugzeug landete, fühlten sie sich erleichtert und ein wenig erschöpft. Sie stiegen aus, holten ihr Gepäck und machten sich auf den Weg zum Ausgang.

„Wir sind wieder zu Hause", sagte John, als sie das Flughafengebäude verließen. Sie waren müde, aber glücklich über die vielen schönen Erlebnisse und Erinnerungen, die sie aus München mitbrachten.

Auf dem Heimweg tauschten sie Geschichten aus und planten bereits ihre nächste Reise. Trotz der Müdigkeit waren sie dankbar für die wundervolle Zeit, die sie zusammen verbracht hatten, und freuten sich darauf, bald wieder neue Orte zu entdecken.

1. Abfluggate - departure gate
2. Abfliegen - to depart, take off
3. Auschecken - to check out
4. Bordessen - onboard meal
5. Check-in-Schalter - check-in counter
6. Flughafengebäude - airport building
7. Gepäck - luggage
8. Koffer - suitcase
9. Passkontrolle - passport control
10. Rückreise - return journey
11. Schlange - queue, line
12. Sicherheitskontrolle - security check
13. Trinkgeld - tip
14. Warteschlange - queue, line

German Graded Readers

For more books and E-book options visit:

www.briansmith.de